全国自驾车旅居车 C级营地导览

2024

全国C级自驾车旅居车营地俱乐部
江苏甲子生态旅游发展有限公司 编

同济大学出版社·上海

图书在版编目（CIP）数据

全国自驾车旅居车C级营地导览.2024/全国C级自驾车旅居车营地俱乐部，
江苏甲子生态旅游发展有限公司编.
上海：同济大学出版社，2025.1.
ISBN 978-7-5765-1356-1

Ⅰ.F592.3

中国国家版本馆CIP数据核字第2024GG9641号

全国自驾车旅居车C级营地导览（2024）
全国C级自驾车旅居车营地俱乐部
江苏甲子生态旅游发展有限公司　　编
编 制 组　刘汉奇、周芸、刘丽群、马杰、胥程丽
责任编辑　陈立群（clq8384@126.com）
设计制作　紫电传媒
责任校对　徐春莲

出版发行　同济大学出版社　www.tongjipress.com.cn
　　　　　（地址：上海市四平路1239号　邮编：200092　电话：021- 65985622）
经　　销　全国各地新华书店
印　　刷　上海锦良印刷厂有限公司
成品规格　170mm×240mm　168面
字　　数　190 000
版　　次　2025年1月第1版
印　　次　2025年1月第1次印刷
书　　号　ISBN 978-7-5765-1356-1
定　　价　128.00元

本书若有印装质量问题，请向本社发行部调换　版权所有　侵权必究

前　言

一处高等级自驾车旅居车营地就是一个小型旅游休闲目的地。

在旅游业从以观光旅游向休闲度假旅游过渡的进程中，自驾车旅居车营地开始扮演重要角色，成为集餐饮美食、休闲娱乐、文化分享、游戏游乐、研学、体育健身等各项活动、多种体验、新业态场景于一体的自驾旅游休闲目的地。

2015 年，国家标准化管理委员会发布了《休闲露营地建设与服务规范》（GB/T 31710—2015），确定了露营地的休闲属性，而自驾车旅居车营地则是承载自驾游以及房车旅游休闲活动的重要载体。

2019 年 9 月，文化和旅游部发布了《自驾车旅居车营地质量等级划分》（LB/T 078—2019）旅游行业标准，规定了自驾车旅居车营地需要有规范的旅游立项审批手续、必要的建设用地指标等开业的必备条件。

据此，自驾车旅居车营地成为具有必要资质的旅游项目而区别于公共露营地、精致露营地等举办临时性活动的营地。只有规范的旅游立项的项目，有必要的建设用地指标等开业必备条件的自驾车旅居车营地才可以进入等级划分的序列。

2020 年，受文化和旅游部资源开发司委托，中国旅游车船协会开展了对全国自驾车旅居车营地质量等级的评定工作。中国旅游车船协会会同全国旅游标准化技术委员会先后发布、实施了《自驾车旅居车营地质量等级划分认定细则》和《全国 C 级自驾车旅居车营地质量等级认定管理办法（暂行）》作为营地质量等级认定依据。截至 2024 年，在文化和旅游部资源开发司指导下，中国旅游车船协会与全国旅游标准化技术委员会密切配合，共认定全国 5C、4C 级自驾车旅居车营地 79 家，其中 5C 级营地 28 家，4C 级营地 51 家。由 79 家营地自发组建"全国 C 级营地俱乐部"，作为全国高等级自驾车旅居车营地相互借鉴学习的组织，互动交流的平台，对外宣传推广的窗口，展示各家营地风采的舞台。全国 C 级营地俱乐部按照年度工作计划将 79 家高等级自驾车旅居车营地信息汇编成册，以图册加文字的方式，把全国 5C、4C 级营地展示给全国露营旅游市场，让广大自驾车旅居车车友和露营爱好者了解中国的 C 级营地，按照需要去选择、去消费。

感谢各家营地企业为"全国自驾车旅居车 C 级营地导览"提供的文字和图片资料。感谢江苏常州太湖湾露营谷和厦门飞跃者户外用品有限公司为本书的编辑出版所作出的贡献。

刘汉奇

2024年12月

Contents 目录

5C 级营地

河北省
花溪谷房车露营地（锦绣大明川）..................006

山西省
云中河自驾车房车露营地..................008

内蒙古自治区
草甘沙漠汽车自驾运动营地..................010
阿拉善大漠胡杨林自驾车露营地..................012
阿尔山鹿角湾温泉度假营地..................014

辽宁省
德力格尔自驾车旅居车营地..................016

吉林省
长白山华美胜地房车营地..................018

黑龙江省
峰悦瑷珲国际汽车营地..................020

江苏省
常州太湖湾露营谷..................022
南京汤山温泉房车营地..................024
途居开沙岛露营地..................026
南京半城大山房车营地..................028

安徽省
黄山途瑞露营地..................030
途居芜湖马仁山房车营地..................032

山东省
东浦湾房车营地..................034
日照阳光海岸露营公园营地..................036

河南省
新县大别山露营公园..................038

湖北省
宜昌三峡国际房车露营地..................040
荆州洈水汽车露营地..................042
途居孝感双峰山露营地..................044

湖南省
仰天湖自驾车旅居车（帐篷）营地..................046

广东省
珠海横琴星乐度·露营小镇..................048
北纬 23°8'森林营地..................050
北迹露营1号营地..................052

广西壮族自治区
西山泉汽车（房车）露营基地..................054

新疆维吾尔自治区
乌尔禾国际房车露营公园..................056
独库公路国际自驾车营地..................058
布尔津喀纳斯白桦林野奢营地..................060

4C 级营地

河北省
雁鸣湖自驾车度假营地..................062
张北天保那苏图景区途野露营地..................064

内蒙古自治区
奈曼旗青龙山自驾车露营地..................066
乌兰察布火山草原自驾运动营地..................068
巴丹吉林沙漠旅游区地质公园营地..................070
通辽誉州北自驾车露营地..................072
内蒙古大兴安岭自驾车旅居车营地..................074
科右中旗翰嘎利湖休闲旅游度假区自驾车营地
..................076

辽宁省
桓仁枫林谷房车小镇 078

吉林省
北极星房车露营地 080

黑龙江省
伊春龙建旅游汤旺河汽车营地 082
大兴安岭呼玛尔自驾营地 084

江苏省
溱湖绿洲梦之恋露营地 086

浙江省
小松坡自驾车营地 088
神仙居新吉奥开元芳草青青房车营地 090
徐凫岩房车度假营地 092

安徽省
芜湖红杨山汽车体育公园房车营地 094
安庆中联（天柱山）营地 096

福建省
武夷山三木自驾游营地 098

山东省
红石寨自驾车旅居车营地 100

河南省
焦作市卢亮沟智能共享户外出发营地 102

湖北省
朝天吼房车露营地 104
黄冈市三角山国际房车露营地 106

湖南省
娄底市自驾车房车体系归古营地 108
途居湘潭昭山露营地 110

广东省
奔乐·HIPCAMP 营地 112

广西壮族自治区
广西花山汽车营地 114

海南省
三亚云宿房车营地 116

四川省
南充壮志凌云国际营地公园 118

贵州省
安顺优途丝路天龙谷文化露营地 120
毕节崔苏坝国际露营基地 122
六枝 318 浪哨缘房车营地 124
贞丰三岔河国际露营基地 126
黔南平塘天空之桥房车营地 128
贵阳花溪高坡扰绕景区露营基地 130

云南省
高黎贡山茶博园汽车旅游营地综合体 132

陕西省
华山房车自驾露营地 134
汉中尤曼吉国际汽车营地 136

青海省
环青海湖自行车自驾车营地公园 138
龙羊峡红柳庄园营地 140
大柴旦北纬 37 度星空自驾车旅居车营地 142
祁连天境圣湖托茂部落自驾车旅游营地 144
海西州大柴旦光影之城自驾车旅游营地 146
海北州阿柔部落游牧文化生活体验基地 148

宁夏回族自治区
哈巴湖汽车自驾运动营地 150
宁夏灵河房车露营基地 152
宁夏薰衣草庄园花海房车小镇 154

新疆维吾尔自治区
伊犁州尼勒克百里画廊四美营地 156
哈密市伊吾胡杨林景区自驾旅居车营地 158
伊犁州新源欣驿自驾车营地 160

重庆
冷水风谷休闲度假营地 162

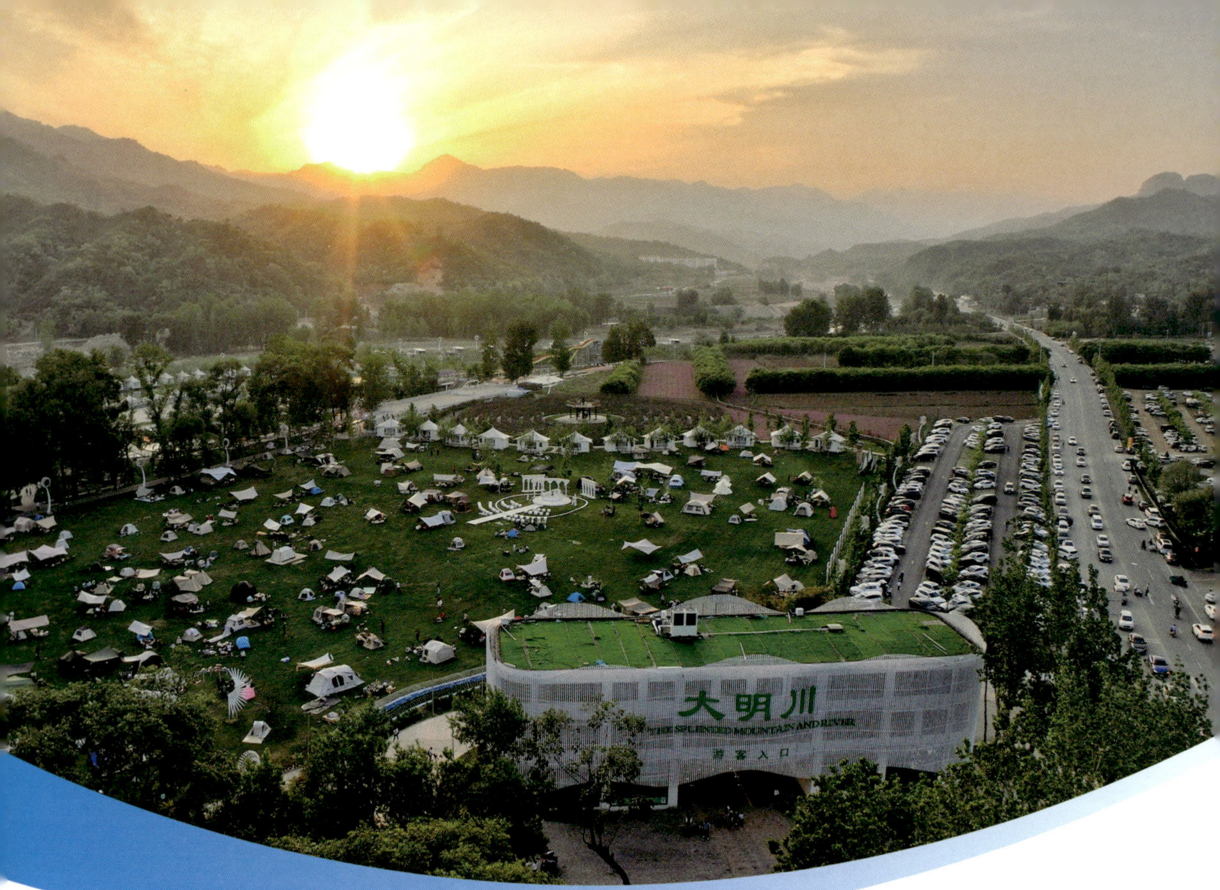

花溪谷房车露营地（锦绣大明川） 「河北省」

  营地坐落于河北省灵寿县寨头乡张家庄村，紧邻西阜高速五岳寨出口，距河北省省会石家庄市不足100公里，已融入省会市民1小时生活圈，全程高速直达，交通方便快捷，是全国唯一高速出口即到达的房车帐篷露营地，河北省唯一一家5C级房车露营地。

  营地属于太行山东麓低山丘陵区，总面积600亩（1亩=666.7平方米，下同），毗邻五岳寨国家森林公园、河北省漫山（省级）自然保护区，海拔在315~450米之间，植被覆盖率高达40%。营地分为东区和西区，拥有树林、河流、田园、草地等多种类型的自然资源以及树桥、水上乐园、萌宠乐园等丰富的游乐项目，建有热水站、公共淋浴间、洗漱池、水电桩等配套生活设施，为露营者提供了优质服务和舒适的休闲度假环境。

预订电话：0311-82600111
营地位置：河北石家庄市灵寿县五岳寨高速口

娱乐设施（项目）

35000 平方米草坪、树桥、无动力乐园、漫悠萌宠乐园、丛林穿越、森林蹦床、重走长征路、蹦蹦云、夏季水上乐园、花海迷宫、迷你漂流、小黄鸭脚踏船、树上卡座

特色项目

露营、红色教育、亲子乐园

主打内容

帐篷露营、趣味研学、团建拓展、休闲康养

餐饮服务

大锅菜、自助餐、农家菜桌餐、营养套餐、韩式烤肉、铁锅炖、撸串烧烤以及各色美食小吃

云中河自驾车房车露营地 「山西省」

  营地坐落于温泉之乡山西省忻州市人称十里画廊的云中河景区南北两岸，位于牧马桥西侧，大西高铁桥东侧，距顿村高速口南5公里，占地53.37亩，设有营舍基地（包括房车营位、小木屋别墅、帐篷露营位、露天烧烤区），服务基地（接待中心、餐饮中心、国际会议中心、冰雪运动中心等），休闲基地（包括温泉养生户外游泳池、酒吧、KTV、慢摇吧、茶室、户外婚礼草坪、游艇亲水码头等）三大部分，是全国首批5C级自驾车旅居车营地。异国风情、高端雅致、亦餐亦宿、怡情养生，是一处极佳的自驾游爱好者旅行度假集散地。

预订电话：0350-8610888

营地位置：山西忻州云中河景区南北两岸，牧马桥西侧，大西高铁桥东侧，顿村高速口南5公里处

娱乐设施（项目）

帐篷露营、温泉养生户外游泳、冰雪运动、游艇

特色项目

温泉养生

主打内容

冰雪运动、水上运动

餐饮服务

露天烧烤

草甘沙漠汽车自驾运动营地 「内蒙古自治区」

营地位于内蒙古通辽市科尔沁左翼后旗散都苏木车家窝堡村草甘小组，地理位置极其优越。周围自然景观独特，沙漠、山林、湖泊和谐共存，更兼深厚历史底蕴，唐朝军事要地和辽代遗址见证沧桑。营地主体面积200亩，紧邻四平市、铁岭市等，是辽、吉、蒙三省交会之地，交通畅达无阻。周边旅游资源丰富，有辽宁省康平县的卧龙湖自然保护区，内蒙古大青沟的自然秘境、科尔沁的文化长廊、阿古拉的草原风情，又是通辽市500公里景观大道的南路口，与草甘沙漠交相辉映，共同编织出多彩的旅游画卷。

营地内房型多样，包括豪华木屋别墅、"水泥管""集装箱"蒙古包等；娱乐项目丰富，涵盖攻防箭、沙漠冲锋观光大船车、沙漠越野车冲沙、沙漠摩托车、骑马和沙漠骑骆驼、滑沙、草原炮等。自驾游服务完善，全国5C级自驾车旅居车营地，配套设施齐全，为游客提供一站式便捷服务。

预订电话：15040264777

营地位置：内蒙古通辽市科尔沁左翼后旗散都苏木车家窝堡村草甘小组

 **娱乐设施（项目）**

小迪拜越野车冲沙、沙滩摩托车、沙漠骑骆驼、骑马、沙漠滑沙、大船车、垂钓、射击等

 **特色项目**

沙漠冲锋观光、攻防箭等

 **主打内容**

观光、体验、休闲、度假、研学、探险、徒步与团建等

 **餐饮服务**

烤全羊、手把肉、铁板奶豆腐、烤鹅蛋、烤鸡、本地野生鱼肉等

阿拉善大漠胡杨林自驾车露营地 「内蒙古自治区」

  营地位于内蒙古阿拉善盟额济纳旗达来呼布镇中心城区南部，面积230亩。以"中国北方自驾车首选地"及"胡杨林特色自驾旅游目的地"为目标，打造集自驾服务、胡杨林观光于一体的高星级房车自驾营地。与国家4A级景区（大漠胡杨林景区）毗邻，东靠额济纳黑河，北侧为城市核心发展区域，南侧为城市未来发展主要方向，是连接城区及胡杨林区的枢纽性地块，亦是沿G7京新高速额济纳出口进入城区的必经之处。

  2020年获评"全国首批生态露营基地试点建设单位"，2023年获评国家5C级自驾车旅居车营地。

- 预订电话：0483-2222888
- 营地位置：内蒙古阿拉善盟额济纳旗大漠胡杨林景区

娱乐设施（项目）

露营、垂钓、休闲自行车、汽车影院、观光小火车、滑雪、乒乓球、羽毛球、射箭、气泡枪

特色项目

篝火晚会、电音节、特色演艺、土尔扈特民俗文化旅游

主打内容

户外帐篷露营、户外烧烤、餐饮休闲、特色住宿体验

餐饮服务

中餐、烧烤、烤全羊、自助餐、简餐、下午茶、早餐等

阿尔山鹿角湾温泉度假营地 「内蒙古自治区」

营地位于阿尔山自然保护区核心区域，G302公路以东，风景秀丽的阿尔山市区南侧2公里处，距伊尔施机场约半小时车程，占地面积22万平方米，2022年10月开业。2024年1月被评为国家2A级旅游景区，2024年3月被携程网评为内蒙古年度推荐特色民宿，现已成为阿尔山沉浸式度假旅游新地标。

营地50公里范围内有阿尔山国家森林公园（5A级景区）、奥伦布坎景区（4A级景区）、阿尔山口岸景区（3A级景区）、阿尔山国家旅游度假区及4个2A级景区，坐拥森林、河流、湿地、草原和温泉等优质资源，交通便利、风景优美，远离喧嚣，是亲近自然的理想度假地。能同时满足80人住宿需求。

营地以鹿元素为IP，以"温情阿尔山，暖心鹿角湾"为主题定位。温泉资源丰富，水质优良，具有独特保健功能，是集室内外温泉体验、精致宿营、亲子娱乐、创意工坊等多功能于一体的高颜值野奢精品度假营地。

预订电话：0482-7970888
营地位置：内蒙古阿尔山市区南侧2公里处

娱乐设施（项目）

民族服饰拍照打卡、特色花海露营、草坪休闲、篝火晚会、烟花秀

特色项目

以鹿元素为IP，温泉体验、精致露营、亲子娱乐、创意工坊、骑术教学、山地越野车骑行、马拉爬犁、骑马穿越

主打内容

研学、团建、体育活动（农事体验、非遗教育、传统文化教育）、休闲度假、康养休闲等

餐饮服务

中西餐厅、创意酒吧

德力格尔自驾车旅居车营地 「辽宁省」

营地位于国家 3A 级旅游景区辽宁省彰武县德力格尔草原风景区内，国家 5C 级自驾车旅居车营地。在这里可以看到"大漠孤烟直，长河落日圆"的大漠风光，也可以领略"风吹草低见牛羊"的田园牧歌情调。

营地由服务保障区、自驾车露营区、旅居车宿营区、帐篷露营区、休闲运动区、集装箱民宿区、露天活动区、儿童游乐区、废弃物收纳与处理区组成，倾力打造面向沈阳都市旅游圈、京津冀自驾大市场的"漠上草原·旅居小镇"。占地面积 35 公顷，有自驾车营位 1000 个、旅居车营位 40 个、帐篷营位 70 个，营地接待容量 2000 人，住宿容量 500 人，餐位数 600 个。

预订电话：0418-6916066
营地位置：辽宁阜新市彰武县大德乡本街 162 号

娱乐设施（项目）

骑马、射箭、射击、七彩滑道、真人CS、游船、海盗船、太空转椅、极速飞车、旋转木马、蹦床、网红秋千、人力过山车、套圈、沙滩摩托、骑骆驼

特色项目

农作物体验、非遗制作、红色教育等

主打内容

以研学、团建、康养运动、休闲度假等为主

餐饮服务

沙泉鱼宴、内蒙古特色烤全羊等

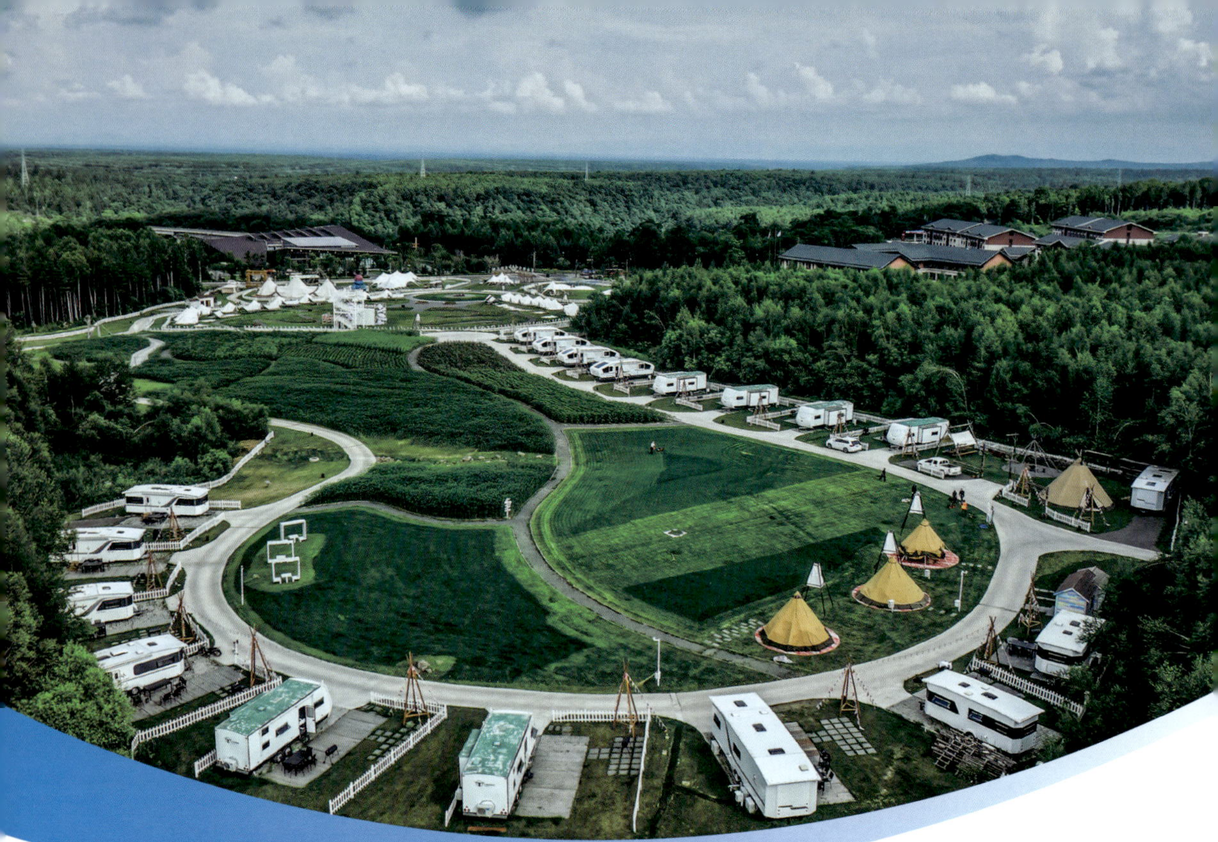

长白山华美胜地房车营地 「吉林省」

营地位于长白山华美胜地旅游度假区内。营地面积 1600 亩，包含葵鹿农庄、7 号探索世界、云梯露营地三部分。功能设置完善，具有车行出入口、服务中心、私家车停车场。场地内设有自驾车旅居车专用营位、帐篷营位，以及帐篷住宿，同样配有小院、公共活动区等。营地有专门厕所和垃圾箱，由物业人员定期清理和打扫。

此外，度假区为游客提供了瑞士木屋别墅、美憬阁精品住宿、地中海度假住宿、郝力克酒店等高品质住宿设施，也为游客提供了帐篷、房车露营区，以及攀岩、露天影院、房车咖啡馆、美式帐篷烧烤等项目。同时为儿童提供了室内游乐园、室外丛林穿越、云朵乐园、萌宠乐园、UTV 穿越、丛林 CS 野战项目。

预订电话：4008786555
营地位置：吉林白山市抚松县漫江镇

娱乐设施（项目）

室外丛林穿越、云朵乐园、萌宠乐园、攀岩、UTV 穿越、丛林 CS 野战、飒爽射击、凌空飞箭、窝壳小伙无动力乐园、极限卡丁车、活力 ATV、篝火派对、放山文化、蓝莓采摘、露天影院等

特色项目

亲子游乐、活力运动、文化讲解、缤纷演绎、时尚派对等

主打内容

夏季避暑，冬天冰雪度假

餐饮服务

烧烤盒子套餐、特调桦树汁、劳德巴赫啤酒厂精酿啤酒等饮品，汉堡王、乌拉满族火锅、"拳击羊"东北烧烤、咱屯子铁锅炖等美食

峰悦瑷珲国际汽车营地 「黑龙江省」

营地位于黑龙江省黑河市爱辉区外四道沟村旁，距黑河市区 15 公里，距瑷珲古城 12 公里，东邻黑龙江，西连 G331 国道，占地 21.4 公顷。作为黑龙江省"醉美龙江 331 边防路"第一个交旅融合项目和示范工程、黑龙江省首家 5C 级综合性自驾车旅居车营地、国家 3A 级景区、黑河首家公园式婚姻登记处，营地整体设计以一轴、一带、一环、八区为核心，依托"界江""森林""田园""沙滩""村落"等优势资源及各类民居房态住宿、精美中西餐饮、亲子游玩乐园、水上冲关挑战等多维业态打造集旅游康养、生态度假、草坪婚礼、亲子研学、赛事活动、文化交流、会议会展、特色美食于一体的综合性度假目的地。

- 预订电话：0456-2832999
- 营地位置：黑龙江黑河市爱辉区外四道沟村旁

娱乐设施（项目）

水上乐园、旋转木马、真人娃娃机、草地转转、坑爹过山车、沙池乐园、充气城堡、儿童钓鱼

特色项目

西式草坪婚礼、汽车元素 DIY 文创、生态垂钓

主打内容

客房住宿、餐饮服务、亲子乐园、研学团建、休闲康养、房车露营、野餐烧烤、会议会展

餐饮服务

中餐、西餐、俄餐等特色餐饮、自助餐

常州太湖湾露营谷 「江苏省」

营地位于江苏省常州市武进区雪堰镇太湖湾国家级旅游度假区内,总投资约 3.5 亿元,占地面积近 700 亩,三面环山,水系丰沛,生态环境优美,是集房车宿营、生态游乐、户外拓展、休闲娱乐、农耕文化、红色文化等多功能于一体的复合型创新度假园区。自 2019 年 3 月开园以来,先后荣获首批"国家 5C 自驾车旅居车营地""国家五星级自驾运动营地""国家体育服务综合体""江苏省体旅融合发展示范基地""全国十大露营打卡地""长三角地区体育旅游精品项目"等国家级、省级等三十余项荣誉。

预订电话:0519-68210000

营地位置:江苏常州市武进区雪堰镇太湖湾国家级旅游度假区内

娱乐设施（项目）

树顶玻璃栈道、溜溜滑"草"、小火车、卡丁车、玄武归来、宝贝冒险船、儿童营地、蹦蹦云等近 20 项亲子游乐项目；成人拓展、军训营和野战地带真人 CS 等户外拓展配套项目；农趣体验、捞鱼钓虾、萌宠喂养等农耕体验项目

特色项目

房车宿营、户外帐篷露营、农耕体验、红色文化教育

主打内容

休闲度假（房车宿营、户外帐篷露营、生态游乐）、户外拓展、研学、夏令营、文体活动

餐饮服务

中、西特色餐厅，小火锅、烧烤、大灶台、网红小吃和下午茶等

南京汤山温泉房车营地 ［江苏省］

  汤山温泉房车露营地坐落在享有世界温泉小镇、国家级旅游度假区美誉的南京汤山温泉度假区内,主体面积150亩。营地距离地铁S6号线猿人洞站步行6分钟。交通便利,四通八达,依山傍水,茶林相间,风景秀美,为游客带来全身心的出游乐趣和一站式服务体验。营地是国家标准试点验证基地,国家5C级自驾车旅居车营地。

  Slogan:家不变,景在变,说走就走的旅行。

预订电话:025-84112266

营地位置:江苏南京市江宁区汤山街道环镇北路58号

 **娱乐设施（项目）**

温泉、徒步、漫步、露营、亲近自然、亲近黑山羊等；旱地冰壶、飞盘、腰旗橄榄球、棒球、纳斯卡巨画、攻防箭等；篝火晚会、露天卡拉OK等

 **特色项目**

房车、木屋、温泉井然排列在山林草地之间，传递山水的惬意

 **主打内容**

房车体验、茶园温泉SPA、户外帐篷露营、房车租赁

 **餐饮服务**

中餐、烧烤、烤全羊、自助餐、简餐、下午茶、早餐等

途居开沙岛露营地 「江苏省」

营地坐落于江苏省南通市开沙岛,占地330亩。岛内风景如诗如画,空气清新。环岛而行,可去高尔夫球场挥杆,去江心寺听晨钟暮鼓,去梦幻岛认识自然,在荷花世界嗅一嗅芬芳,到乒乓球训练基地感受国球魅力,让河鲜海鲜美食盛宴抚慰身心。露营地依托南通优越的交通区位,开沙岛优渥的自然生态环境,设有房车营位128个、木屋18栋、树屋5栋、野奢帐篷7栋。静海阁餐饮会议中心拥有餐饮豪华包厢5个,多功能宴会及会议室4个。还设有烧烤营位63组,VIP烧烤营位13组,6000平方米多功能草坪。有森林探险、快乐大本营、射箭、卡丁车、骑马、真人CS、彩虹滑道等15个游乐项目。营地拥有中小型会议室6个,可同时容纳500人会议、用餐,是国内鲜有的岛居滨水组合型露营产业综合体。

预订电话:0513-80953333

营地位置:江苏南通市开沙岛途居南通开沙岛露营地

 **娱乐设施（项目）**

森林探险、天幕露营、射箭、卡丁车、骑马、彩虹滑道

 **特色项目**

岛居滨水露营、房车住宿、婚礼婚宴、商业活动、户外赛事活动、户外轰趴活动、大中小型会议等

 **主打内容**

研学、企事业团建拓展、冬/夏令营、春季游、周末营、国际营地、国际童子军成长课程、自营途居"飞虎"研学课堂等

 **餐饮服务**

户外烧烤、特色农家大锅灶

南京半城大山房车营地 「江苏省」

营地位于南京市高淳区桠溪国际慢城内,占地118亩,包含湖景区、山景区、木屋、树屋区共62个住宿单元,其中湖景亲子一车院落4座,湖景亲子三车院落1座,湖景家庭一车院落7座,湖景家庭两车合院2座;山景亲子一车院落5座,山景家庭两车院落4座,山景家庭三车院落1座;木屋双床16间,木屋套房8间,树屋2栋,别墅2栋。可供140人同时下榻。院落式营地房车共计34辆,自行式房车营位5个,综合服务中心(餐饮/会议/娱乐)3000平方米。"半城"即"伴城",半城大山房车营地(星云里.半城大山露营度假区)——伴山、伴水、伴家人。

预订电话:025-56856777
营地位置:江苏省南京市高淳区红旗路88号

娱乐设施（项目）

烟花体验、篝火晚会、户外电影、露天KTV、传统弓箭、摸鱼捉虾等

特色项目

半城国际运动项目（飞盘、桨板、骑行、皮划艇、旱地冰壶、徒步等）非遗制作、美食制作、面包坊、红色教育、露营活动等

主打内容

亲子活动、研学、团建、户外活动、休闲度假、康养等

餐饮服务

户外烧烤、自助餐、户外野餐、大锅灶、冷餐会、私人定制等

黄山途瑞露营地 「安徽省」

途瑞黄山露营地位于风景秀丽的黄山景区旁,离黄山西大门仅1.3公里,可由西大门直接进入黄山景区,属于黄山风景区核心区位。从黄山营地出发至太平湖景区、黄山东大门、翡翠谷景区仅需1小时车程,距离木坑竹海、塔川、宏村景区仅48公里,西递景区65公里。

营地拥有黄山西部山麓的绝佳风景资源,营地内拥有近1000亩风景绿地景观,四周群峰环抱、山峦叠翠、自然生态条件绝佳。在营地可眺望西海大峡谷云海美景,是黄山脚下的醉氧天堂。

预订电话:0559-8569999

营地位置:安徽黄山市黄山区焦村镇黄山风景区旁

 **娱乐设施（项目）**

篝火娱乐、露天电影、CS 野战区、越野卡丁车、射箭、攀岩、峡谷溯溪、皮划艇、银河观星、登山、徒步古道等

 **特色项目**

户外烧烤、垂钓、户外厨房

 **主打内容**

研学、团建、文体娱赛事、康养、自驾线路主题、休闲度假

 **餐饮服务**

黄山特产小笋干、焖农家有机黑猪肉、太平湖虾、徽州毛豆腐、黄山刀板香、徽州特色臭鳜鱼、户外烧烤、户外农家乐大锅等

途居芜湖马仁山房车露营地　[安徽省]

　　营地位于安徽省芜湖市繁昌区孙村镇，是奇瑞控股旗下途居露营板块倾力投资的新兴文旅项目，总占地面积 300 余亩，总投资 1.5 亿元，2021 年 4 月正式投入运营。

　　营地依托万亩竹海资源，融入田园、溪谷、秘境、山野等多元景致风貌，以自然之美为基底，打造"自然、野趣、益智、亲为"的户外生活场景与社交平台，可让游客深度体验时尚、品质、健康的户外生活内容。

预订电话：0553-2356666

营地位置：安徽芜湖市繁昌区孙村镇中分村 68 号

 **娱乐设施（项目）**

攀树、滑索、皮划艇、卡丁车、射箭、飞盘、网球、垂钓等

 **特色项目**

农家大锅灶、途居农庄、繁昌窑制作、丛林探险、户外烧烤、红色教育等

 **主打内容**

会议团建、研学教育、主题派对、户外商展、休闲亲子、运动康养等

 **餐饮服务**

中式餐饮、户外冷餐、农家大锅灶、自助烧烤、咖啡茶吧、围炉煮茶等

东浦湾房车营地 「山东省」

营地位于威海经济技术开发区五渚河口东侧，东至龙王庙、西至五渚河公园、南至滨海大道、北至东浦湾海水浴场。设有独院亲子房车、独院情侣房车、独院商务房车及房车二合院、房车三合院等不同类型房车50辆，是家庭出游、亲子活动、休闲度假的理想之地。营地定期举办风筝节、沙滩音乐节、海上嘉年华等主题活动，全力打造集餐饮住宿、景区游览、亲海体验于一体的山东首家大型房车基地，是威海市千里山海自驾旅游公路首批驿站、威海儿童体适能实践基地、寻梦田园畅游山海示范单位以及山东首家国家5C级自驾车旅居车营地。

营地拥有完善的基础设施，2万平方米超大草坪，同时设有自行式房车区、帐篷露营区、酒吧、咖啡厅、东浦湾自助餐厅、自助烧烤区、海上项目、烧烤广场、婚典礼堂、亲子草坪、儿童游乐场等多种功能区域，满足不同休闲体验。

预订电话：0631-5386166

营地位置：山东威海经济技术开发区五渚河口东侧

 **娱乐设施（项目）**

风筝放飞、帐篷露营、儿童游乐、海上运动

 **特色项目**

风筝节、沙滩音乐节、海上嘉年华

 **主打内容**

餐饮住宿、亲海体验

 **餐饮服务**

酒吧、咖啡厅、自助餐厅，烧烤

日照阳光海岸露营公园营地 「山东省」

　　营地位于山东日照山海天旅游度假区阳光海岸北段，占地面积 405 亩，拥有 2.3 公里黄金海岸线，是第四批全国 5C 级自驾车旅居车营地。

　　园区内以秀水河为中心，分为南区和北区，划分户外露营区、木屋别墅区、房车体验区、北部商业区功能板块，布局 58 处木屋、27 处房车营位，可同时容纳 190 余人入住，是一处集旅游观光、休闲度假、住宿餐饮、露营体验、户外运动、商务会议等功能于一体的高端滨海露营公园。

预订电话：0633-8666116
营地位置：山东日照市山海天旅游度假区阳光海岸北段

 **娱乐设施（项目）**

海水浴、沙滩酒吧、近海露营、水上运动

 **特色项目**

旅游观光、休闲度假、住宿餐饮、露营体验、户外运动

 **主打内容**

旅游观光、休闲度假、研学团建、住宿餐饮、露营体验、体育运动

 **餐饮服务**

以鲁菜为主，地道海鲜和日照特色美食。中式烧烤、精品烤肉套餐等

新县大别山露营公园 「河南省」

　　大别山露营公园成立于 2015 年，位于大别山革命老区新县，京九铁路和大广高速穿境而过，周围有鄂豫皖苏区首府革命博物馆、许世友将军故居、香山湖国家水利风景区、金兰山国家森林公园等著名景区，是信阳市文化旅游投资集团旗下国有企业，全国 5C 级自驾车旅居车营地、国家 4A 级景区。

　　大别山露营公园规划用地 970 亩。一期建设亲子露营地，二期建设青少年营地，三期建设露营乐园、露营社区等。大别山露营公园建设有特色住宿木屋、房车、集装箱房、研学宿舍、多功能餐厅、多功能影剧院、研学教室、图书馆、会议室、亲子民宿、户外活动场地、农场、停车场、办公楼等，可接待近 5000 人同时食宿及开展亲子露营和研学实践活动。

预订电话：0376-2789999
营地位置：河南新县香山湖管理区林冲

 **娱乐设施（项目）**

农耕体验、篝火晚会、自行车速降、非遗制作等

 **特色项目**

木屋、房车、集装箱屋、民宿等

 **主打内容**

亲子露营、青少年研学

 **餐饮服务**

别苑下午茶套餐等

宜昌三峡国际房车露营地 「湖北省」

营地位于长江之滨的龙泉山村，国道 G348 旁，距宜昌中心城区约 15 公里，紧邻西陵峡森林公园。面积 430 亩，平均海拔 500 米，重峦叠翠，沟壑深幽，奇石嶙峋，风景奇瑰，是集精品房车、野奢木屋、生态露营、自驾旅游、休闲养生、森林探险、会议会展、团建拓展等多功能于一体的全国首家临江山地型房车露营地，湖北省首家国家 5C 级自驾车旅居车营地。

营地目前拥有精品房车 32 台、风格各异的野奢木屋 41 栋、露营区及自助烧烤营位百余个、可同时容纳上千人的下沉式篝火广场。户外体验项目有丛林飞跃、极限大秋千、山巅无边游泳池、儿童乐园、攻防箭、泡泡足球、飞镖足球、射箭、蹦蹦云、步步惊心等。

2021 年 1 月，营地入选全国首批、华中地区首家国家"5C 级自驾车旅居车营地"，2023 年荣获"全国十大露营打卡地""湖北十大网红露营线路"，2023 旅游出行行业创新及服务精品案例。

预订电话：0717-7852999

营地位置：湖北宜昌夷陵区龙泉山村，国道 G348 旁

 **娱乐设施（项目）**

丛林飞跃、极限大秋千、山巅无边游泳池、儿童乐园、攻防箭、泡泡足球、飞镖足球、射箭、蹦蹦云、步步惊心等

 **特色项目**

丛林飞跃、步步惊心、山巅无边泳池、室外儿童乐园等

 **主打内容**

生态露营、自驾旅游、休闲养生、森林探险、会议会展、团建拓展等

 **餐饮服务**

归鹿餐厅、采樵小筑餐厅

荆州洈水汽车露营地 「湖北省」

　　营地位于湖北省荆州市松滋市西南部,湘鄂两省交界处,属于国家 4A 级景区洈水景区,全国 5C 自驾旅居车营地,并荣获露营界奥斯卡——鹿鹰奖。营地在洈水大坝下的丛林中依势而建,周边有亚洲第一人工土坝——洈水大坝、楚南仙境千岛湖——百岛画廊、楚南小布达拉宫——洈水假日酒店、国家级特色小镇——洈水运动休闲小镇、喀斯特溶洞——颜将军洞,占地 407 亩,集户外运动、观光旅游、休闲养生、度假居住于一体。

　　营地分为综合服务区、主会场、体育运动区、住宿区、休闲娱乐区。营地内有亲水野奢帐篷、观星帐篷、丛林木屋、童话树屋、特色自驾车房车营位等个性住宿,还打造了"丛林+"主题的丰富体育休闲运动项目,建立了"营地+新生活"空间综合体。

预订电话:0716-6581000
营地位置:湖北荆州市松滋市西南部国家 4A 级景区洈水景区内

 **娱乐设施（项目）**

空中华容道、真人 CS、丛林高尔夫、攻防箭、亲子部落、竹筏漂流、过五关斩六将、丛林越野摩托

 **特色项目**

网红大秋千、网红蹦蹦床、戏水池、采摘园、垂钓池

 **主打内容**

研学、团建、培训、体育活动、休闲度假

 **餐饮服务**

中餐、烧烤、烤全羊、自助餐、简餐、下午茶等

途居孝感双峰山露营地 「湖北省」

途居孝感双峰山露营地位于孝感市双峰山旅游度假区和武汉黄陂区交界处，距武汉市区仅70公里，交通便利，京港澳高速、福银高速等均可直达，车程1.5小时内。营地周边旅游资源丰富，毗邻双峰山景区、金卉庄园、姚家山、木兰文化生态旅游区、锦里沟等热门旅游目的地。占地300余亩，拥有101个房车营位，是华中地区房车营位数量最多的露营地，也是武汉都市圈内的城市近郊综合型露营地。还有自驾房车营位、帐篷营位等，并有6栋木屋别墅。营地特色鲜明，以房车露营为吸引核，秉持"自然、野趣、益智、亲为"的休闲度假理念，让游客享受"慢生活·趣旅行"的美好服务体验。这里森林覆盖率达91.5%，是天然的森林氧吧，也是一个集"吃住行游娱购"于一体的旅游度假综合体。

预订电话：0712-4829999

营地位置：湖北孝感市孝昌县双峰山旅游度假区剥岸村小溪岭88号

娱乐设施（项目）

森林探险、野战 CS 基地、拓展基地、山地越野车、射箭场、戏水区、儿童游乐园、彩虹滑道、碰碰车、卡丁车等

特色项目

氧心仙源之旅主题线路游，木兰秘境之旅、住房车、爬双峰、泡温泉，健康休闲游等

主打内容

家庭度假、自驾探索、周末游、亲子游、研学旅行、婚礼婚宴、团建拓展等

餐饮服务

大型宴会厅、中西餐厅、户外厨房等，提供多种餐饮选择，另有烧烤、农家大锅灶

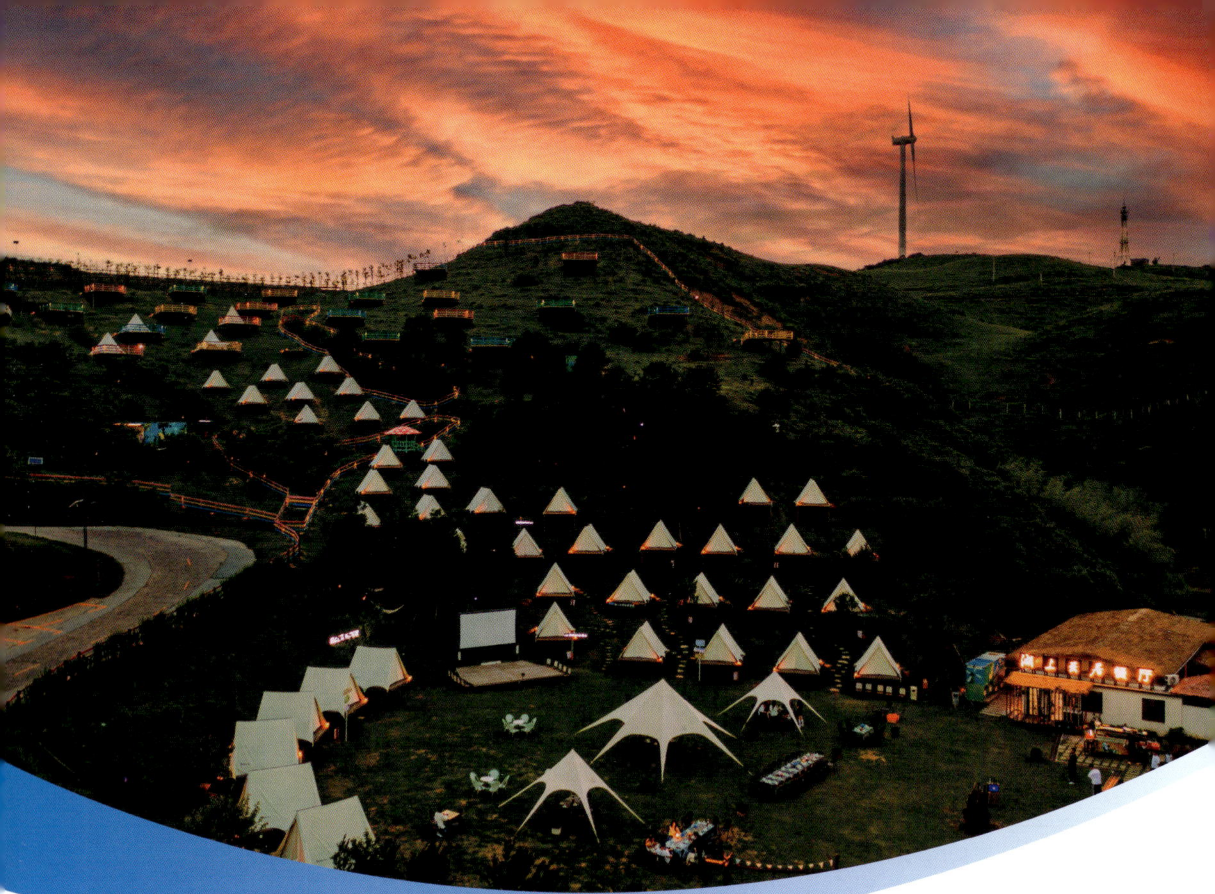

仰天湖自驾车旅居车（帐篷）营地 「湖南省」

营地位于湖南省郴州市，总占地面积1.2万亩。依托仰天湖南方大草原资源，规划出国家4A级景区——仰天湖大草原景区、云野帐篷营地、湖上云居帐篷营地、云集集装箱营地、云奢树屋营地和仰天湖大草原自驾车旅居车营地等六大板块，是目前湖南省等级最高、面积最大、体验最丰富的营地。

营地设有星空主题帐篷区、自搭区、活动区、露营生活服务区等功能区，相关配套服务一应俱全。房车、帐篷、酒店、树屋别墅、野奢帐篷、集装箱式住宿综合体、五星民宿……营地集房车营地、户外拓展、自然美育和研学游乐项目于一体，是满足游客吃、住、行、游、娱等综合服务的一站式户外休闲体验地。

预订电话：17707638888/13286667588（湖上云居营地）
17369309110/18397215678（云集营地）
营地位置：湖南郴州市北湖区仰天湖瑶族乡仰天湖大草原景区内

 **娱乐设施（项目）**

游船、荡秋千、投喂梅花鹿和羊驼、骑马、射箭、射击、飞盘、草地足球、桌游等

 **特色项目**

星空露营、休闲露营、房车体验、自然美育、篝火晚会、烟花秀、露天卡拉OK、露天电影等

 **主打内容**

仰天湖草原音乐节、仙女露营季、"亲子乐翻天""起风了，少年"、夏日萌宠嘉年华、"重回山野，溯溪纳凉""放下压力，奔向草原""云中谁寄锦书来"

 **餐饮服务**

蒙古包火锅、烤全羊、自助餐、新蒙餐、汉堡屋、下午茶餐车等

珠海横琴星乐度·露营小镇 「广东省」

以"琴岛奇航"为主题,以"露营+"为概念,获批全国首家 5C 级自驾车旅居车营地、国内首个中国房车露营旅游示范基地、广东省首个休闲露营地国家标准试点营地。营地充分借助横琴粤澳深度合作区政策及区位优势,整合澳门旅游、教育等资源,输出国际化标准的旅游服务理念和"露营+"多元产品生态圈。

营地拥有集活动研发、设计、执行于一体的专业户外公共教育团队,通过冬令营、夏令营、家庭营等丰富多彩的项目,致力打造"没有围墙的学校",使营员体验多元文化交织,借助得天独厚的自然环境、独一无二的营地设施、专业的教育理念,打造华南最具特色的研学旅行品牌。

预订电话:0756-8119888

营地位置:广东珠海市横琴粤澳深度合作区环岛北路 108 号

娱乐设施（项目）

深海迷宫 - 城堡迷宫挑战、水晶之塔 - 高空闯关挑战、环海竞速 - 无动力卡丁车、玛雅历险 - 绳索攀爬、自然美育非遗手作体验、徒手健身塑形体验、小横琴山体步道

特色项目

星奇塔无动力世界、特色住宿单元

主打内容

高品质、高颜值、高标准露营单元住宿体验和华南最具特色的研学旅行品牌

餐饮服务

独创的阿度烧烤公社、勇气餐厅、港式风味特色小食"发事多"，还有每日自助星旅餐厅，多种类型餐饮可供游客选择

北纬23°8'森林营地 「广东省」

北纬23°8'森林营地，占地673亩，投资11亿元，采用"旅游+露营+教育"的创新模式，可满足旅游度假、观光游玩、亲子休闲、野趣体验、团建活动、农耕文化、军事拓展、研学旅行、住宿餐饮等多功能需求，是珠三角大湾区游客短途出行的理想选择地。

营地是国家3A级景区，是国家级自驾车旅居车5C营地，是市重点项目、市农业龙头企业，也是市科普教育基地、省研学实践教育基地、市休闲农业与乡村旅游示范点。

目前有个性化住宿体验木屋14间、玻璃房12间、房车9辆、木平台露营帐篷43间，共78间，床位150个，可接待住宿游客300人，能同时满足团餐1500人就餐，有中餐、西餐、烧烤、自助等多种选择。研学方面具备2000名学生室内科普和室外5000名学生实践操作的劳动教育能力。日最大观光游览接待可达2万人，有力推动了项目周边村落三产融合及乡村振兴高质量发展。

- 预订电话：002020-87900988 18928962466
- 营地位置：广东广州市从化区城郊街西和村草塘101号

游玩项目

轻奢天幕、围炉煮茶/围炉冰茶、烘焙体验、筷乐无穷、逗哈车、彩绘DIY、扎染、拓印、萌宠喂养、营地骑行、共享童车、足球/篮球、祈福荷灯、亲子拖拉机、戏水池、共享水枪、桌游卡牌、电动小黄车、篝火晚会、森林夜探、星空音乐会、放飞纸鸢、野战CS、璀璨烟花

研学拓展基地

劳动教育（蔬菜种植、割稻/插秧体验等）、手工美育（彩绘体验、扎染、拓印等）、趣味拓展（励志开营、鼓舞飞扬、无敌风火轮、毛毛虫大作战等）、军事拓展（野战炮、高射炮、摧毁暗堡、步枪射击等）

特色美宿

丛林秘境、野奢星空、滨湖别院、奇妙轻奢房、粉色旅程房车、滨湖雅院、野趣体验帐篷房

特色餐饮

田园野炊、香猪宴、营地烤肉、BBQ烧烤、中式围餐

北迹露营1号营地 「广东省」

北迹露营1号营地位于广东省广州市花都区芙滨路芙蓉嶂旅游度假自然景区内,占地面积约245亩,依山傍水,景色秀丽。营地纬度近北回归线,全年平均气温21.8℃,气候宜人。山顶负离子浓度达每立方厘米6000个,空气清新无污染。营地汇集豪华房车、帐篷酒店、水云间亲子帐篷、北回归线上美食、休闲娱乐、亲子游玩等各类设施于一体,把优美自然景观和民俗风情、江河山色等丰富人文历史文化沉积淀相结合,打造北回归线生态旅游带户外露营基地新亮点、新品牌。超大草坪和无边际泳池是北迹露营1号营地一大特色景观。

预订电话：18902398191

营地位置：广东广州市花都区芙滨路芙蓉嶂旅游度假自然景区内

 **娱乐设施（项目）**

彩虹滑道、山道溜溜车、超级攀爬网、丛林穿越、网红蹦蹦云

 **特色项目**

超大草坪和无边际泳池

 **主打内容**

户外运动（环湖徒步、飞盘/冰壶/棒球、山路骑行、定向越野）、研学基地（植物研学）、夏令营活动（野外求生、帐篷搭建、趣味运动会）、企业团建、机关党建

 **餐饮服务**

户外烤肉、自助烧烤、自助餐、露营下午茶、中式围餐、围炉煮茶

西山泉汽车（房车）露营基地 「广西壮族自治区」

　　位于贵港市桂平市进坝大道西山泉旅游度假景区，是广西第一个以体育休闲为主题，依照五星级汽车露营地标准打造，集户外运动、观光旅游、休闲养生、度假居住于一体的精品体育休闲运动营地。周边有桂平西山风景名胜区及龙潭森林公园等旅游景点。

　　项目占地约 500 亩，分主会场区和内营区两部分。前者拥有近万平方米主会场，可同时容纳 6000 余人，配套梦幻水云涧·灯光夜市街，各色各地美食应有尽有；后者拥有房车营位、汽车旅馆、溪谷木屋、风铃小屋、野奢帐篷、火星营房等多个个性化住宿产品。同时以自由、开阔、挑战性为主题，打造卡丁车、丛林探险、高低空网阵、攻防箭、泡泡足球、真人 CS 野战、无动力乐园、场地自行车、攀岩等丰富多彩游玩拓展项目，还有天幕帐篷、篝火广场等释放激情、品味生活场所。

预订电话：0775-2990111 / 0775-2993666
营地位置：广西桂平市进坝大道西山泉旅游度假景区内

娱乐设施（项目）

太空来客无动力乐园、卡丁车、高空网阵、丛林探险、攻防箭、真人CS、低空网阵、泡泡足球、场地自行车、攀岩

特色项目

科学制作教学，自然探索教育，非遗扎染体验

主打内容

研学、团建、休闲度假、康养休闲

餐饮服务

早中晚自助餐、自助烧烤、简餐、烤全羊、土耳其烤肉、下午茶等

乌尔禾国际房车露营公园 「新疆维吾尔自治区」

营地位于新疆克拉玛依市乌尔禾区同兴路 300 号，总面积约 800 亩，共有 298 个住宿单体，1172 张床位，其中有 240 个网红高端木屋营位、18 个精品房车营位、20 个野奢帐篷营位、10 个轻奢集装箱营位，以及两个极具特色的大型集装箱综合体营位，每个营位都配有木质平台、户外烧烤炉、户外餐饮水池、户外桌椅等设施。新疆最大的房车露营地，2022 年 1 月 10 日被中国旅游车船协会评为 5C 级自驾车旅居车营地，入选 2022 年全国十佳诗意酒店。

国家 5A 级景区"世界魔鬼城"位于公园东北方向 5 公里处，周边还有乌尔禾影视城、白杨河大峡谷、西部乌镇、宝葫芦海棠林、万亩胡杨林等景区。

公园内一栋 2000 平方米餐饮中心和四处 500 平方米小型特色餐厅全部开放，同时还扩建了儿童游乐区，包含卡丁车、充气城堡、轮滑等多种游乐项目，啤酒烧烤夜市。

预订电话：0990-7560888、0990-7560111
营地位置：新疆克拉玛依市乌尔禾区同兴路 300 号

 **娱乐设施（项目）**

卡丁车、充气城堡、轮滑

 **特色项目**

大漠孤烟、旭日落霞，啤酒烧烤夜市

 **主打内容**

儿童游乐场、UTV山地、越野赛道、特色游步道、年夜饭+烟花秀+守岁

 **餐饮服务**

早餐、中餐、烧烤、烤全羊、自助餐、简餐、下午茶等

独库公路国际自驾车营地 「新疆维吾尔自治区」

营地位于新疆克拉玛依市独山子区独（山子）库（车）公路零公里处，占地约11.9万平方米，距独山子大峡谷约20公里。营地分A、B两区，以独具特色的住宿、露营、休闲娱乐为主，集旅游度假、自驾休闲、餐饮住宿、烧烤露营、饮食文化、生态观光等于一体，专注打造全新现代休闲度假体验。

A区约6万平方米，绿化约3.1万平方米，分服务中心、住宿区、儿童游乐区、萌宠娱乐区、帐篷区、营位区等11个区。营地有不同风格小木屋80余栋，可同时满足300余人住宿。B区约5.9万平方米。新建自驾车营位、停车位、公共厨房、公共洗衣房、公共卫生间、商店、公共沐浴间、篝火广场、露天影院、车辆维修、充水充电桩等配套服务设施。大、中、小停车位220个。

营地建有儿童游乐场、婚礼草坪、千米健身步道、运动场、商服楼等配套服务设施，为游客提供丰富多彩的旅行新体验，是自驾车旅行爱好者开启"独库之旅"的必经之地。

预订电话：0992-7300222

营地地址：新疆维吾尔自治区克拉玛依市独山子区独（山子）库（车）公路零公里起点处

 **娱乐设施（项目）**

萌宠娱乐区、"独库之眼"摩天轮、儿童游乐场、千米健身步行道、运动场、商服楼等

 **特色项目**

独具特色的住宿、露营、休闲娱乐，创新性地将房车营地与帐篷房屋相结合

 **主打内容**

特色住宿、露营地、烧烤美食、休闲娱乐

 **餐饮服务**

奶茶、咖啡、果汁等饮品，各种小吃、烧烤等

布尔津喀纳斯白桦林野奢营地 「新疆维吾尔自治区」

营地位于新疆阿勒泰地区布尔津县南部，217 国道以东、城南 1.5 公里处，距县城约 1.5 公里，占地约 8 万余平方米，是一个集游客服务中心、旅行社服务、布尔津汽车俱乐部、宿营、餐饮、新能源充电桩、自驾补给中心、野外休闲娱乐活动等于一体的大型旅游综合配套服务综合体。

营地与多个景区相邻，包括喀纳斯景区、禾木风景区、哈巴河白桦林景区、白沙湖景区及七彩河休闲旅游度假区等。营地北边就是布尔津县最新打造的七彩河休闲旅游度假区，城市风光与沙漠景色互相映衬。

营地以戈壁、大漠、胡杨为营地风格底色。东边额尔齐斯河蜿蜒流过，这是中国唯一注入北冰洋的河流，鱼类资源丰富，是垂钓首选地。

预订电话：19309068559

营地位置：217 国道以东、距新疆阿勒泰地区布尔津县城南 1.5 公里处

 **娱乐设施（项目）**

钓鱼、骑马、骑骆驼、喂小羊等

 **特色项目**

沙漠中心，戈壁、大漠、胡杨

 **主打内容**

研学、团建、休闲度假

 **餐饮服务**

新疆自助烧烤，川菜、湘菜、粤菜等

雁鸣湖自驾车度假营地 「河北省」

营地位于塞罕坝"国家1号风景大道"起点，总占地面积5000亩，是以"自然生态为核心、高端休闲为主题"的综合性度假营地。2022年，正式成为中国4C级自驾车旅居车营地，并在2023年通过了4C认证授牌仪式获得认证。

营地接待中心处于景区内，包含主接待酒店、草原星空帐篷客房、云居太空舱、草原墅式精品酒店及配套设施齐全的房车营地。高端餐饮包房、豪华客房、宴会大厅、娱乐设施等一应俱全，景区内同时打造"塞罕坝摄影小镇""中国汽车自驾游俱乐部"。

营地举办多次大型拓展活动、暑期儿童夏令营游学活动，塞罕坝精神红色研学活动等丰富的团队拓展类活动，举办过"京津冀美食文化节""世界旅游小姐大赛""民族之光——打树花""中化集团MAP创业力量颁奖盛典""雁鸣湖草原之夜"、2024雁鸣湖大型高空演出《飞天国潮秀》等大型演艺活动。户外风情酒吧每晚开放，并有驻唱歌手和精彩的篝火演出。

预订电话：0314-5995666
营地位置：河北承德市塞罕坝国家一号风景大道起点

娱乐设施（项目）

观光车环湖游、射箭体验、激情漂流、愿望森林种植体验、直升机体验、卡丁车越野体验、特色露营、塞罕坝乌兰布统越野穿越、草原狂欢夜、篝火晚会、露天卡拉OK 等

特色项目

愿望森林种植体验、越野车体验、房车体验、户外帐篷露营、户外烧烤、房车租赁等

主打内容

暑期儿童夏令营拓展活动、塞罕坝精神红色研学基地、汽车文化展览、草原目的地婚礼、户外风情酒吧、民族歌舞篝火表演、大型文艺演出、草原音乐节、草原婚礼旅拍、激情漂流、射箭体验等

餐饮服务

中餐、蒙餐、草原烧烤、烤全羊、自助餐、冷餐会、简餐、下午茶、早餐等

张北天保那苏图景区途野露营地 「河北省」

营地坐落在河北省张家口市张北县海子洼村（张北天保那苏图草原旅游度假区）内，距北京 227 公里，占地面积 3.586 平方公里，是距北京、天津车程最近的坝上塞外风光旅游区。有距北京最近、纬度最低的草原。

这里有中国最长的骑跨式托马斯网红小火车、华北最原始的草原、最美丽的草原大风电景观、张家口最大的花海草原、张家口最具特色的火山遗址群等。拥有法国顶级设计师打造的国际度假酒店，是以康体健身为载体，以草原文化为核心，以草原湖泉为景观背景，以蒙元文化为主题特色，集旅游、度假、会议、养生、娱乐和生态人居于一体的综合配套度假露营区。

营地推出大型舞台剧《印象中都》、夜色那苏图草原电音狂欢派对，是最独特的蒙文化露营地。

预订电话：19931279988

营地位置：河北张家口市张北县海子洼村（张北天保那苏图草原旅游度假区）内

娱乐设施（项目）

摩天轮、网红小火车、海盗船、碰碰车、旋转木马、骑马、越野车、卡丁车、射击、射箭、游船等

特色项目

《印象中都》大型舞台剧、夜色那苏图草原狂欢派对

主打内容

成吉思汗公园、锡林郭勒草原火山丘陵、草原大风车、娱乐项目、国际露营公园、度假酒店

餐饮服务

烤全羊、奶茶、手把肉、融合菜、烧烤

奈曼旗青龙山自驾车露营地 「内蒙古自治区」

营地位于内蒙与辽宁两省交界处的美丽休闲乡村——通辽市青龙山镇四一村，总占地面积 4500 亩。交通便捷，距高速公路 15 公里，省道"大阜"线横穿营地链接两条高速公路。2018 年被体育总局汽摩中心（中汽摩联）评为中国四星级汽车自驾运动营地，2021 年被中国旅游车船协会评定为中国 4C 级自驾车旅居车营地，是科尔沁 500 公里文化旅游风景大道重要节点。2023 年被自治区文旅局评为"自治区级五星级农牧接待户"。

这里自然环境幽雅，生态良好，依山傍水、风光秀美，民族风情浓郁。营地基础设施完备，服务功能完善，有综合服务区，绿色餐饮区，休闲娱乐区，房车露营区，森林康养区，民俗体验区，可开展各种团建、党建、研学、会议、露营、商品展售活动并与周边青龙山洼景区、宝古图沙漠、怪柳林景区、银沙湾营地、韩家大院、阜新海棠山等景区联合，形成独具特色的旅游线路。

预订电话：0475-4468888，15555185555

营地位置：内蒙古通辽市奈曼旗青龙山镇四一村

 **娱乐设施（项目）**

钓鱼园、水上乐园、农耕园、采摘园、康养露营园等

 **特色项目**

营地住宿极具特色，房车、树屋、水屋、帐篷、民宿等

 **主打内容**

农牧民那达慕大会、农牧民拍球赛、农牧民篮球赛、孝德文化节、帐篷节、秧歌节、露营啤酒节

 **餐饮服务**

蒸豆包、漏粉条、石磨豆腐、本地鸡、水库鱼等

乌兰察布火山草原自驾运动营地 「内蒙古自治区」

  营地面积约150亩，位于二广高速、208国道旁1000米处，距乌兰哈达火山地质公园仅5公里，距二连浩特市260公里，距呼和浩特市190公里，距北京400公里，距张家口200公里，交通便利。地处华北、东北、西北三北交会地，是从首都去往三北的第一站补给处。

  察哈尔火山群（乌兰哈达火山地质公园）的3~8号火山观赏性极强，站在营地即可远眺地平线及5、6、7、8号火山，是观火山草原日出日落的极佳场所。

  营地所在庙沟浩特被评为全国少数民族特色村寨，其正宗的内蒙古餐饮、畜牧业、马队及庙沟博物馆等均极具草原文化。

  营地拥有宽敞整洁的蒙古包住宿，具有营地特色的帐篷酒店、胶囊公寓；有房车补给处、电车充电桩、淋浴盥洗室、卫生间等配套服务；有充足的停车场、自驾车旅居车露营位；有帐篷及儿童游乐、团建场景、篝火广场等活动区域；有蒙餐特色餐厅、自助烧烤区等区域。

预订电话：15648991293
营地位置：内蒙古乌兰察布市察哈尔右翼后旗乌兰哈达乡庙沟浩特阿达日嘎嘎查村

娱乐设施（项目）

诈马宴厅、篝火广场、儿童乐园、笼式体育场

特色项目

诈马宴、烤全羊仪式、下马酒迎宾仪式、篝火烟花晚会、研学课程、团建课程等

主打内容

休闲度假、团建和研学项目

餐饮服务

蒙餐特色餐厅、自助烧烤等

巴丹吉林沙漠旅游区地质公园营地 「内蒙古自治区」

营地位于阿拉善世界地质公园主园区入口处，共有自驾车营位 224 个，旅居车宿营位 20 个，是依托巴丹吉沙漠旅游景区建设的一处集自驾车营地、旅居车营地于一体的高端汽车营地，地处中国西部连接巴丹吉林沙漠与额济纳胡杨林、东风航天城，阿拉善主要景区景点与河西走廊旅游经济带的重要中转站和集结点之一。

巴丹吉林沙漠景区总面积 4.92 万平方公里，其中在阿拉善右旗境内约 3.5 万平方公里，是世界第三大沙漠，我国第二大沙漠。以"奇峰、鸣沙、湖泊、神泉、寺庙"五绝著称。2023 年 2 月营地荣获全国 4C 级自驾车旅居车营地。

巴丹吉林沙漠景区连续举办第 16、17、18 届国际巴丹吉林沙漠文化旅游节、5 届巴丹吉林珠峰大会，承办了多种赛事，如越野车、UTV 沙漠珠峰挑战赛、自行车沙地越野竞赛、沙漠马拉松徒步越野竞赛等，吸引了国内外众多户外运动爱好者到来。

预订电话：15248301195
营地位置：内蒙古阿拉善盟阿拉善右旗巴丹吉林沙漠旅游区地质公园入口

 **娱乐设施（项目）**

UTV沙漠越野、越野车短途冲浪、骆驼骑行、射箭滑沙、浅水游泳等，不定期开展烟花晚会、篝火晚会、民族歌舞演艺等

 **特色项目**

农事体验、非遗制作、传统文化教学、沙漠科考

 **主打内容**

研学、团建、体育活动、休闲度假等

 **餐饮服务**

阿拉善烤全羊、羊肉垫卷子、沙葱炒羊肉、锁阳油卷沙葱、黄焖驼排、蝶花驼掌、驼奶、羊背子等

通辽誉州北自驾车露营地 「内蒙古自治区」

营地位于扎鲁特旗巴雅尔图胡硕镇别日木图嘎查，占地面积 400 亩，距离誉泉山生态旅游区 12 公里，山地草原旅游区 20 公里。是科尔沁 500 公里文化旅游风景大道自驾游服务系统的重要组成部分和关键节点，最具山地草原风情的露营地。营地内建设有房车营地、停车场、综合服务中心、汽车服务中心、篝火广场休闲广场等。营地住宿蒙古包 55 个、房车 10 辆、木屋 13 座，可同时容纳 500 人住宿、2000 人就餐。停车场配套设施完善，配备 20 个充电桩及给水设施，可同时满足 20 辆房车补给需求，为自驾游客提供全方位服务。

这里春有花、夏有草、秋有风、冬有雪。有别致的木屋、舒适的房车、休闲的酒吧，原生态的环境布局与厚重的草原文化相得益彰。

预订电话：18647503333

营地位置：内蒙古通辽市扎鲁特旗巴雅尔图胡硕镇别日木图嘎查

 **娱乐设施（项目）**

草原版真人 CS 实战，射箭、垂钓、篝火晚会，滑草、山地摩托、骑马

 **特色项目**

房车、树屋、水屋、帐篷、民宿等

 **主打内容**

山地草原观光、自驾露营、内蒙古民族美食

 **餐饮服务**

烤全羊、汉餐、蒙古族特色奶制食品等

内蒙古大兴安岭自驾车旅居车营地 「内蒙古自治区」

营地位于根河源国家湿地公园合理利用区内，距根河市区 15 公里，距 4A 级旅游景区敖鲁古雅使鹿部落 15 公里，距莫尔道嘎国家森林公园 160 公里。可北上漠河、南下呼伦贝尔、东进黑龙江大兴安岭地区。

营地总占地面积 60 公顷，是根森公司在林业转型发展过程中，全力打造的内蒙古自治区首家专业从事自驾旅居车露营、野外拓展、生态研学、漂流体验和自驾休闲为一体的综合性绿色生态营地。营地分为自驾旅居车露营区、拖挂式房车区、森林生态木屋区和特色林宿区四个区域，可同时容纳 100 人住宿和 200 人同时就餐。

预订电话：15540099953
营地位置：内蒙古根河市根河源国家湿地公园内

娱乐设施（项目）

户外天然垂钓园、森林浴步道穿越、丛林自行车环线骑行、冷极湾河谷湿地观光漂流、儿童草地活动区

特色项目

非遗手工太阳花制作、大兴安岭野外植物相框制作、野生蓝莓制作果干果汁、林区松树塔纪念品制作、使鹿鄂温克民族撮罗子（民族住所）制作

主打内容

自驾露营、户外野奢、森林生态研学、户外越野、原始森林穿越、森工文化体验、森林康养休闲、驯鹿文化体验

餐饮服务

林区特色天然野菜（四叶菜、柳蒿牙、老山芹、野葱等）、本地散养家禽（林场散养野生鸡、铁锅炖大鹅等）、林区天然野生菌（牛肝菌炒肉、野生鸡炖本地草蘑等）、根河当地驯鹿肉、林区手工大馒头

科右中旗翰嘎利湖休闲旅游度假区自驾车营地
「内蒙古自治区」

营地位于旗政府驻地巴彦呼舒镇北侧 7.5 公里翰嘎利湖休闲旅游度假区内，东邻国道 111 线，西接翰嘎利湖。北与科尔沁国家级湿地珍禽自然保护区、马文化主题公园、图什业图亲王府景区、中影制作基地、五角枫生态旅游景区等形成 18 公里半径扇形旅游布局，集消夏避暑、亲子体验、科普研学、特色度假、休闲自驾于一体，是全国体育旅游精品线路中的重要节点。

翰嘎利蒙古语意为"盆地湖"，是全区最大沙地湖泊，面积 3.4 万亩，总容量 9250 万立方米。2024 年 6 月营地被认定为 4C 级自驾车旅居车营地，运营以来，连续承办各项文化旅游活动，连续三届被内蒙古草原休闲体育大会指定为垂钓比赛场地、首届中国牛交易大会新闻发布会主会场及枫林品鉴会、兴安盟民宿论坛主会场、自治区无人机培训中心实训基地、2023 兴安盟五角枫文化旅游节枫林品鉴会。

预订电话：0482-4120335 / 18248228707

营地位置：内蒙古兴安盟科尔沁右翼中旗彦呼舒镇北侧 7.5 公里翰嘎利湖休闲旅游度假区内

娱乐设施（项目）

环湖快艇、脚踏船、湖滨秋千、云朵泡泡池、皇家马车、跳海大滑梯

特色项目

星空露营、烧烤BBQ、音乐派对、篝火晚会等

主打内容

亲子体验、科普研学、单位团建，假期休闲度假等

餐饮服务

户外烧烤、纯正蒙餐等

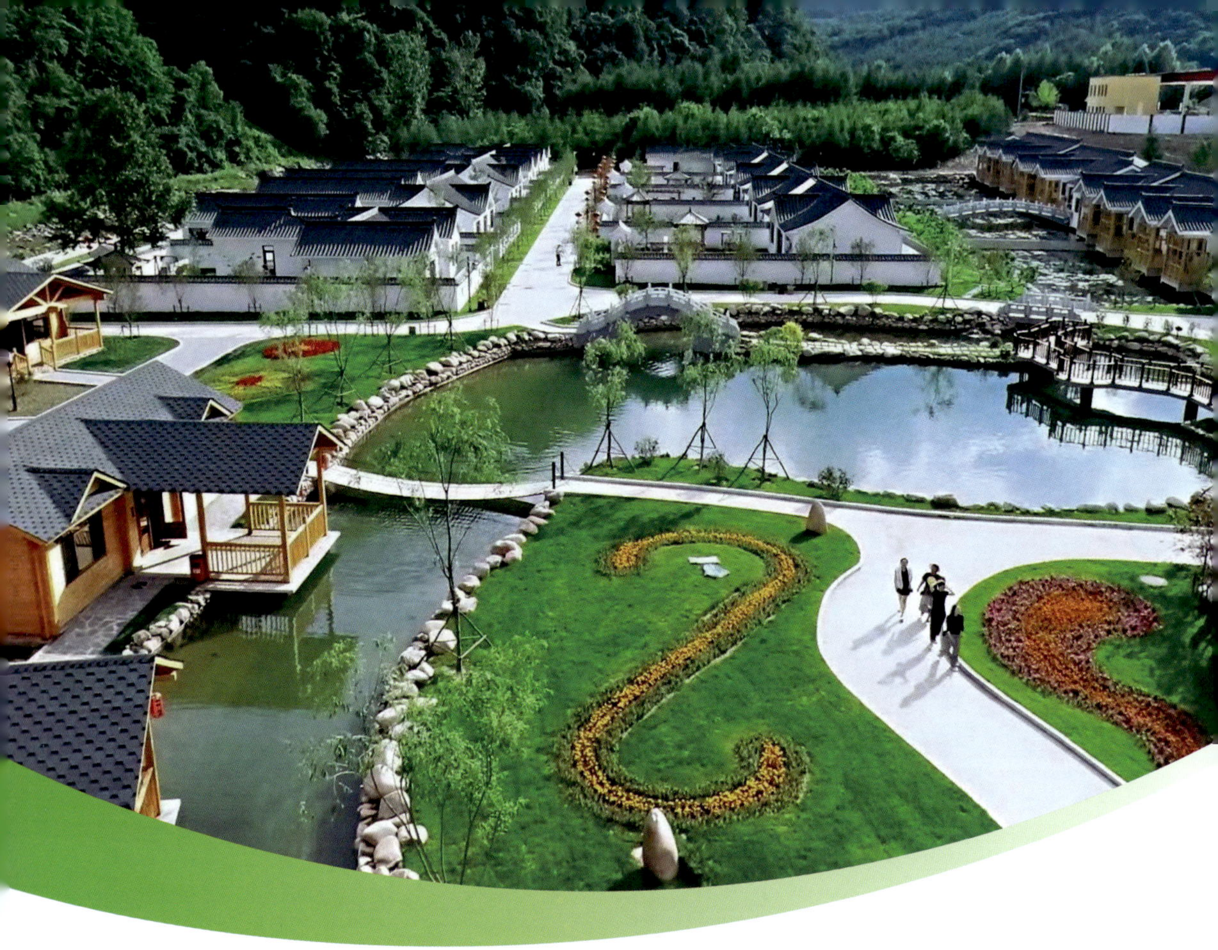

桓仁枫林谷房车小镇 「辽宁省」

营地位于辽宁省桓仁满族自治县向阳乡境内，2016 年开发建设，2019 年正式营业。总投资 1.2 亿元，占地面积 150 亩，现有营位 30 个，是集餐饮、住宿、休闲、娱乐、夜景灯光秀、会议接待、党建培训、团建、研学、农事采摘等于一体的综合性国家 4A 级景区。交通十分便利，距离鹤大高速枫林谷出口 200 米，距离国家 4A 级景区枫林谷 10 分钟、国家 4A 级景区虎谷峡 6 分钟、辽宁最大水库下游回龙湖 6 分钟。营地以园林风情与自然景观相融合，依山傍水，自然资源得天独厚，夜晚可欣赏独具特色灯光秀。分为八大区域：户外露营区、餐饮住宿接待区、游览观光区、休闲娱乐区、网红打卡区、农事采摘区、公共设施服务区、夜景灯光游览区。

预订电话：024-48285888

营地位置：辽宁桓仁满族自治县向阳乡

 **娱乐设施（项目）**

网红秋千、亲子过山车、撮合椅、网红天梯

 **特色项目**

农事体验、非遗剪纸、荷包制作、红色研学

 **主打内容**

研学、亲子夏令营、团建、休闲康养

 **餐饮服务**

农家大锅炖、满族风味、烤全羊、特色烧烤

北极星房车露营地 「吉林省」

营地位于吉林省长春市绿园区，占地面积 6 万余平方米，现分为 5 个主题场景营位：房车酒店、民宿、房车营位、草坪营位、地台营位，水电桩 8 个。

营地目前有 8 辆房车、12 顶帐篷和 12 座小木屋。其中房车是一大亮点。露营地中的 8 辆房车分别以北极星和北斗七星命名，从空中向下俯瞰，呈现出北斗七星的布局。市民及游客在外露营玩累了，可走进能容纳 4 至 6 人的房车休憩、过夜。除了特色房车，帐篷区也可满足大多数市民及游客的聚会需求，最大的帐篷可容纳 8 至 12 人。此外，建在麦田中的小木屋，不仅造型独特，风景更佳。

采摘、射箭、垂钓、摸鱼、捉鸡……北极星房车露营地是老少皆宜的休闲度假地。

预订电话：0431-82636888

营地位置：吉林长春市绿园区裴家村杨家屯

 **娱乐设施（项目）**

真人 CS、音乐晚会、篝火节、烟花表演、射箭、垂钓、七彩跑跑车、古风秋千、萌宠互动等

 **特色项目**

农家乐、特色民宿

 **主打内容**

研学、团建、拓展、休闲度假

 **餐饮服务**

自助烧烤、烤肉、东北大锅炖等

伊春龙建旅游汤旺河汽车营地 「黑龙江省」

营地位于黑龙江汤旺县沿河路，距国家 5A 级景区汤旺河林海奇石风景区车程 10 分钟，面积 270 亩。由综合服务区、帐篷酒店汽车营区、太空舱住宿区、户外体能拓展运动区、儿童室内外游乐区等五大功能区组成；并配套有加油站、Wi-Fi、水电桩、停车场等设备设施。

设有各类型客房 42 间（特色标准间 16 间、大床房 20 间、行政套房 2 间、家庭房 4 间），特色餐饮包房 3 间，一楼自助餐厅可容 200 余人用餐。帐篷酒店采用全封闭落地窗，共 10 栋（中端帐篷 7 栋，面积 36~46 平方米；高端帐篷 3 栋，面积 90 平方米），每栋均配备房车及小车停靠，并有给排水、充电桩、电烤箱等设备设施。太空舱住宿区以低碳环保、节约资源理念设计，共 6 栋，均配备房车及小车停靠，并有给排水、充电桩、电烤箱等设备设施。户外体能拓展运动区主要由"重走长征路""勇者之巅"等体验探险性体育项目组成。儿童室内外游乐区设有儿童淘气堡、亲子拓展、弧形秋千等游乐设施。

预订电话：0458-8802222

营地位置：黑龙江伊春市汤旺 204 省道与沿河路交叉口

娱乐设施（项目）

徒步、漫步、露营、亲近自然、"重走长征路""勇者之巅"等体验探险性质的体育项目、篝火晚会、露天卡拉OK、观星住宿等

特色项目

负氧离子丰富的天然大氧吧，露天烧烤、烤肉，露营休闲等

主打内容

房车体验、户外帐篷露营、户外烧烤、餐饮休闲、森林康养等

餐饮服务

中餐、烧烤、烤全羊、自助餐、简餐、下午茶、早餐等

大兴安岭呼玛尔自驾营地 「黑龙江省」

营地位于黑龙江省大兴安岭呼玛县呼玛镇荣边村，是大兴安岭唯一一家 4C 级自驾车旅居车营地，集住宿、餐饮、游客服务于一体。面积 2.2 万平方米，总投资 1433.6 万元。营地可同时停靠 18 辆房车及部分自驾车，每个车位配有上下水管口、排污口、充电桩、洗菜池等设施，同时营地还设置了刷车区和游客休闲活动体验区、烧烤区、中央餐厅、水上游乐园、宝石滩、红砖文化园、自助式厨房等。

预订电话：15734579100
营地位置：黑龙江大兴安岭呼玛县呼玛镇荣边村

娱乐设施（项目）

儿童淘气堡、自驾休息区、飞机观光区、垂钓区、露营区、休闲娱乐设施等

特色项目

宝石滩捡拾玛瑙、垂钓、狗鱼英豪酒吧、坑烤等

主打内容

黑龙江东北狗鱼钓场、飞镖汇、运动休闲度假

餐饮服务

俄罗斯大串，烤全羊，焖炉烧烤等

溱湖绿洲梦之恋露营地 「江苏省」

营地位于泰州市全国乡村旅游重点村姜堰区三水街道小杨村，占地 1620 亩，距盐靖、启扬高速出口只有 2 公里，328 国道、229、411、610 省道纵横区内全境，形成"四纵四横"干线公路主骨架，全面融入上海、南京 2 小时经济圈和苏锡常 1 小时经济圈。

营地紧邻国家 5A 级溱湖湿地公园，10 分钟车程可达 4A 级溱潼古镇、央企华侨城云海湿地温泉、高尔夫球场、溱湖水上运动中心、溱湖野生动物园、省级非遗砖瓦博物馆、智慧渔业园、全球生态 500 佳河横村等旅游景点。

营地分为餐厅、民宿木屋、帐篷露营区、休闲运动中心、农产品街区、果蔬采摘区、研学体验区等功能区，是一家以籪蟹为主题的农文体旅融合示范乡村旅游景区。

预订电话：0523-88786339

营地位置：江苏泰州市姜堰区三水街道小杨村紧邻国家 5A 级溱湖湿地公园，距盐靖、启扬高速出口 2 公里

娱乐设施（项目）

马术俱乐部、射箭场、小火车乘坐体验、笼式足球、垂钓中心、萌宠乐园

特色项目

菇事独立营、品蟹之旅、砖雕制作体验、文武状元游绿洲等

主打内容

溱湖簖蟹、研学实践（渔窑耕读）、露营烧烤、射箭赛事

餐饮服务

户外丛林烧烤、帐篷露营区可以土灶烧烤、冷餐、溱湖特色菜"溱湖八鲜"等

小松坡自驾车营地 「浙江省」

  小松坡自驾车营地坐落于温州西南部的泰顺县，该县是国家生态文明建设示范县、国家重点生态功能区，其生态环境质量卓越，各项指标常年位居浙江省首位。空气中负氧离子含量极高，每立方厘米最多可达10万个，因此被誉为中国的天然氧吧。这里不仅是度假的理想之地，还提供了丰富的露营体验。营地占地面积9100平方米，拥有40个房车和旅居车营位，以及35处帐篷营位。每个营区均配备了智能水电桩，确保游客的露营生活便捷无忧。营区周边还设有服务中心、旅游商店、烧烤区、卫生间、淋浴房、公共厨房以及垃圾中转站等完善的功能设施，为游客提供全方位的便利服务。营地配备两个停车场，共295个停车位，满足自驾游客的停车需求。

预订电话：0577-67599009
营地位置：浙江温州市泰顺县雅阳镇上仁村

娱乐设施（项目）

VR 体验馆、户外电影区、骑行绿道

特色项目

天然氧吧、梦幻田园

主打内容

亲子度假、团建露营

餐饮服务

特色小吃街、烧烤区

神仙居新吉奥开元芳草青青房车营地 「浙江省」

营地地处浙江省仙居县白塔镇，诸永高速神仙居收费站旁，离周边景点如神仙居、氧气小吧、高迁古村非常近。神仙居景区是仙居国家公园核心区，国家级风景名胜区，国家5A级景区，古名天姥山，又称韦羌山。山上留有清乾隆年间县令何树萼题"烟霞第一城"，景色秀美，天下第一。

营地在神仙居景区下氧吧小镇旁，植被丰富，森林茂密，园区内拥有逾150多种乔木和灌木，林地中还分布着几十种野生动物，溪中有红珠鱼、石斑鱼、嘎鱼等野生鱼类，生态环境优越，适合休闲度假。

酒店总建筑面积约60000平方米，现拥有房车84余辆，其中包括14辆家庭房车及50辆新款双卧房车，10辆双床房车，10辆大床房车（包含组团庭院房车8组），其他均为独立带庭院房车，及含有健身房车、KTV房车、洗衣房车、多功能会议室3个，包厢1个，餐厅1个。专为宾客提供自由、探索、分享的创新住宿产品。

预订电话：18869955796

营地位置：浙江仙居县白塔镇，诸永高速神仙居收费站旁

娱乐设施（项目）

儿童乐园、天幕区、丛林穿越、真人CS、射箭场、棋牌室、KTV 等

特色项目

非遗无骨花灯制作、传统文化研学、篝火晚会、天幕露营等

主打内容

研学、团建、休闲度假、康养休闲等

餐饮服务

有盐餐厅、"仙居八大碗"等

徐凫岩房车度假营地 「浙江省」

　　营地位于宁波奉化溪口雪窦山风景区内，距宁波市区 1.5 小时车程，距杭州 2.5 小时车程，距上海 3.5 小时车程。营地建设在高山悬崖之上，风光秀丽、景色宜人，内有原始森林、峡谷溪流、高山瀑布等山水景色。周边有蒋氏故居、雪窦寺、张学良幽禁地、三隐潭、千丈岩、商量岗等多景区、景点。营地面积超过 300 亩，含住宿区、草坪活动区、烧烤区、餐饮区、娱乐区、风光区等多个功能分区。并配套有超市、咖啡厅、会议室、茶室等配套设施。营地含房车 32 辆、集装箱酒店 2 间、木屋别墅 1 幢，此外配套有 3000 余平方米活动草坪，可满足中大型团队活动、露营需求。

预订电话：13857472122

营地位置：浙江宁波市奉化市溪口雪窦山风景区内

娱乐设施（项目）

玻璃栈道、丛林穿越、森林魔网、飞拉达攀岩、篝火、露天KTV、露天电影等

特色项目

亲子手工、陶艺制作、插花教学、农事体验、文创活动、体育活动、溯溪徒步等

主打内容

企业团建、春秋研学、冬夏令营、企业年会、毕业旅行、体育活动、休闲度假、康养休闲、亲子旅行等

餐饮服务

炭火烧烤、团队桌餐、户外自助餐、烤全羊、溪水下午茶、溪水围炉冰茶、露营烤肉、围炉煮茶等

芜湖红杨山汽车体育公园房车营地 「安徽省」

营地位于安徽省芜湖市红杨镇，规划面积约 3.32 平方公里，核心建设面积约 1.42 平方公里。

公园建有红杨山房车露营地、越野车场地赛道、卡丁车赛道、丛林穿越、宴会中心、休闲木屋、民宿窑洞、农家乐、采摘园等多个竞技娱乐项目及配套功能设施，多次获得"中国体育旅游十佳精品赛事"及"中国体育旅游十佳精品景区"。拥有大型宴会中心及特色农家乐"红杨山庄"，可同时接待 500 人用餐及会议。公园内房车营地分为拖挂式房车营地和自行式房车营地，水电齐全，最多可容纳 80 辆房车。公园还有特色民宿住宅区，民宿窑洞 30 间，高档木屋别墅 9 栋，房车 9 辆。

预订电话：0553-8813688

营地位置：安徽芜湖红杨镇万村村内

 娱乐设施（项目）

场地越野车、卡丁车、丛林穿越、采摘园等

 **特色项目**

特色民宿、民宿窑洞

 **主打内容**

研学、团建、体育活动、休闲度假、康养休闲等

 **餐饮服务**

中餐、自助餐、自助烧烤、烤全羊

安庆中联（天柱山）营地 「安徽省」

  营地坐落于安徽省潜山市国家 5A 级旅游景区东侧中露联园区，为山水环绕型露营公园，占地面积 710 亩。距天柱山火车站仅一墙之隔，距潜山高铁站 15 公里，沪渝高速、济广高速出口 8 公里，天柱山景区游客中心 12 公里，天柱山机场 60 公里，交通便利。

  总体布局遵循"学研训、动静游、乐养购"相结合原则，已成为集研学、运动休闲、学生军训、休闲度假、民俗文化、特色餐饮、儿童游乐、老年康养等于一体的旅游打卡目的地。2017 年 12 月被评为国家 3A 级旅游景区，2018 年 12 月由安徽省体育局、文化和旅游厅授予安徽省省级体育旅游产业基地，2018 年获"安徽省体育生态公园"称号，2023 年中国旅游车船协会、全国旅游标准化技术委员会认定为全国 4C 级自驾车旅居车营地。

预订电话：0556-8213167
营地位置：安徽潜山市天柱山风情大道

 **娱乐设施（项目）**

卡丁车、攻防箭、儿童游乐场、自行车、垂钓等

 **特色项目**

篝火晚会、湖畔卡OK、焰火表演等

 **主打内容**

徒步、飞盘、草坪足球、羽毛球、冬泳等

 **餐饮服务**

土灶台、柴火饭、铁锅粑、瓦碗菜、缸罐汤、自酿酒、手工面

武夷山三木自驾游营地 「福建省」

营地位于福建省武夷山市三姑度假区仙凡界路东侧，占地约 470 亩，总投资约 10 亿元，拥有"国家 4A 级景区"和"全国 4C 级自驾车旅居车营地"双牌照。项目距武夷山风景区一桥之隔，距高速口车程皆在 10 分钟内。

营地内建设有游客中心、旅居车帐篷营地、篝火演艺广场、茶山游学基地、卡丁车项目、真人 CS 项目、围炉煮茶小院、户外射箭场、灯光篮球场、老火车酒吧（在建）、变形金刚景观等；以及相声新势力剧场、兰韵茗茶庄园、高端音乐会所、汽车度假酒店、休闲木屋、麦当劳得来速餐厅、朱子家宴非遗餐厅、中石化加油充电站、蔚来换电站、指印房车智慧营地、汽车快修站等业态；区内现有停车位约 700 个，能充分满足自驾游停车需求。

预订电话：0599-5015666

营地位置：福建武夷山市度假区仙凡界路东侧 61-63 号

娱乐设施（项目）

卡丁车、射箭、激光模拟打靶、真人CS射击、篝火演艺广场、灯光篮球场

特色项目

武夷山水、茶文化、运动休闲、水上活动

主打内容

团建拓展、茶山游学、柴火灶项目

餐饮服务

武夷铭灶、崇山里特色餐厅、老火车酒吧、自助烧烤、围桌正餐等

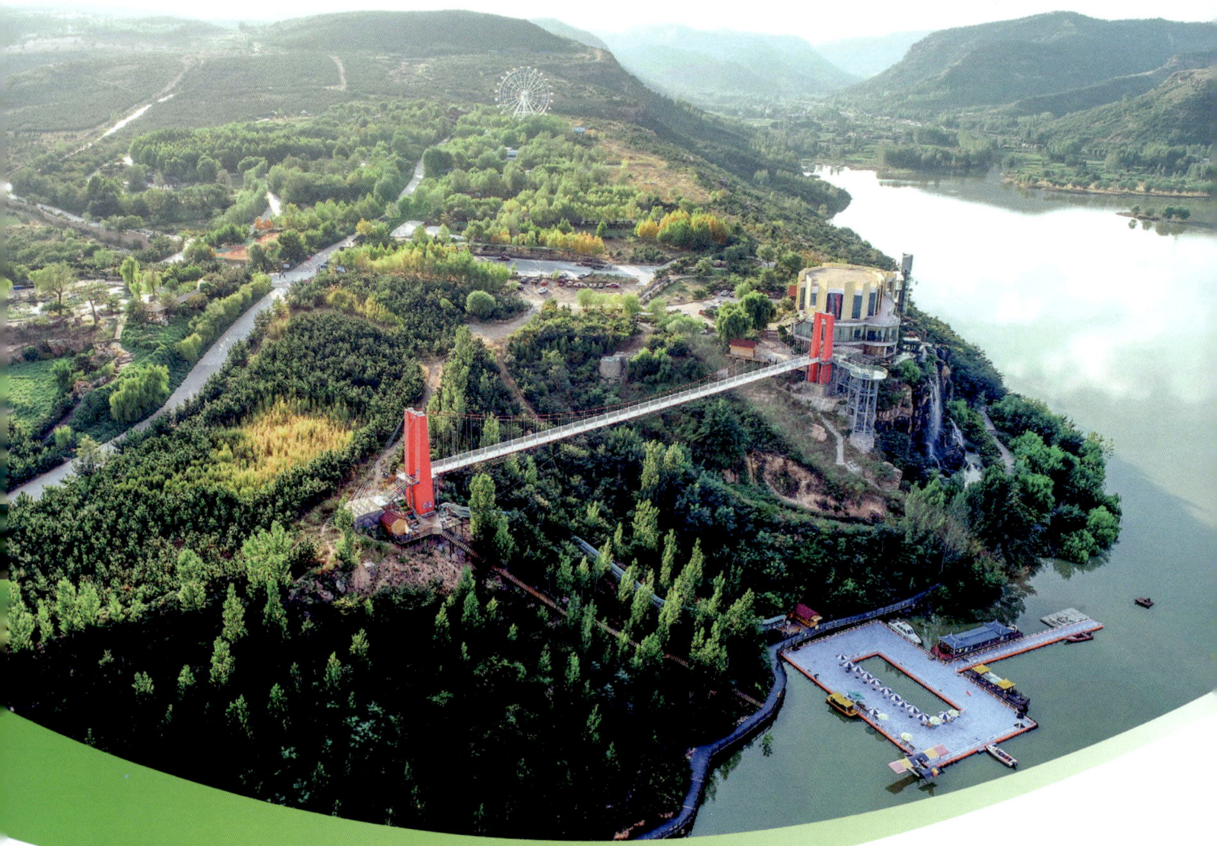

红石寨自驾车旅居车营地　「山东省」

　　营地位于山东省临沂市沂南县香山湖畔红石寨旅游区内，总占地面积 3050 亩（包括水面 1350 亩），依托"山、水、天、石"的元素，构建"丹崖碧水相依，绿林长天一体，四区分层递进"的空间格局，重点建设红石小镇、汽车营地、香湖乐园、五行园游乐四大板块，规划有自驾车营区、房车营区、木屋住宿区、帐篷露营区、儿童游乐区、户外运动区、露天活动区、商务活动区等。营地从设计、建设到游客的进驻秉承生态原则，以自然环境保护为宗旨。露营形式组合多元化，可以为不同类型旅游者提供多样化选择。共有自驾车位 1000 余个，房车营位 37 个，户外固定帐篷营位 66 个，床位 200 余个（含客栈、木屋、单体民宿），营地餐饮会议中心——飞瀑楼可容纳 400 余人同时会议就餐。

预订电话：0539-3826666-2，0539-3266999

营地位置：山东临沂市沂南县香山湖畔红石寨旅游区内

 **娱乐设施（项目）**

摩天轮、玻璃栈道、玻璃滑漂、崖壁秋千、威亚、水上娱乐（赛龙舟、水上自行车、快艇、皮划艇、垂钓等）

 **特色项目**

户外运动、度假观光、文化体验

 **主打内容**

露营、运动拓展、啤酒节、烧烤节、露营节、音乐节、春节庙会等

 **餐饮服务**

室外烧烤、各式特色小吃、自助餐饮等

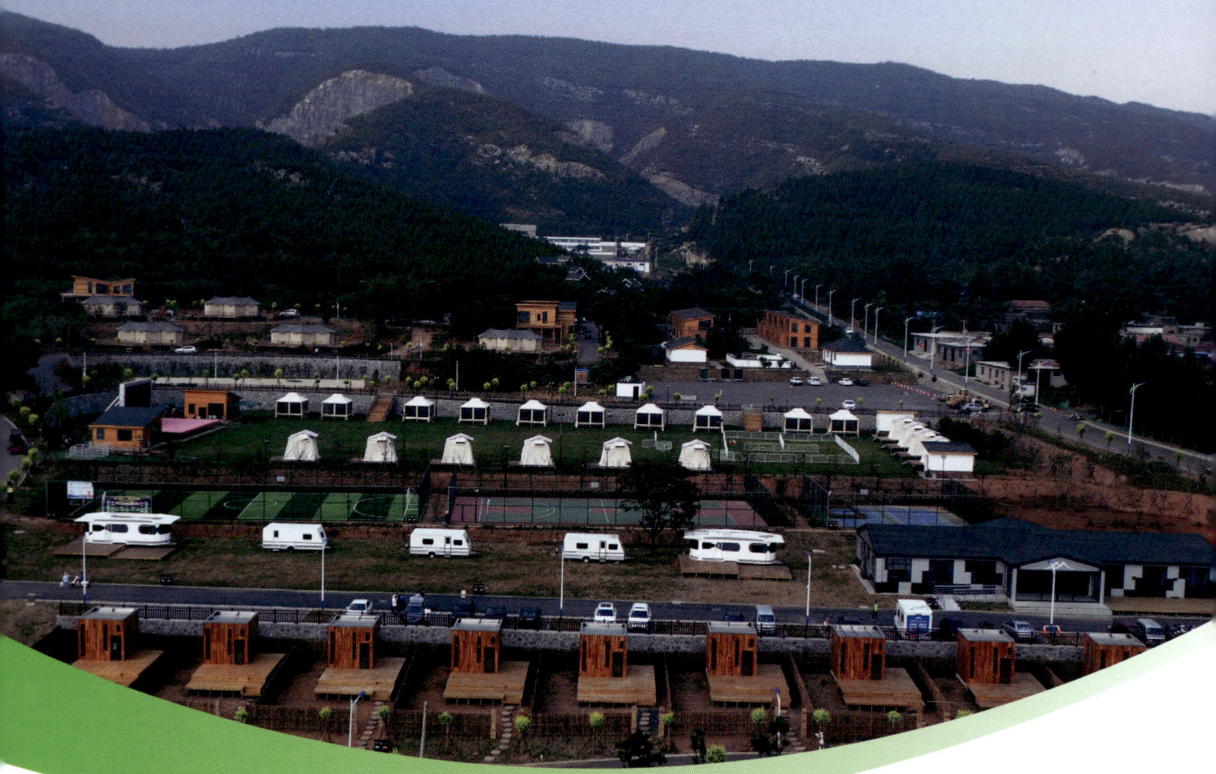

焦作市卢亮沟智能共享户外出发营地 「河南省」

营地位于河南省焦作市山阳区上马村卢亮沟，地处南太行生态旅游带，是全国 4C 级自驾车旅居车营地。长约 1.6 公里，面积 427.547 亩。现已完成一期建设 162.8 亩，设有木屋住宿区、帐篷露营区、儿童游乐区、户外运动区、露天活动区等特色功能区，有自驾车位约 350 个，旅居车位 81 个。

营地依山傍水，临近 20 个高速路口，分别连接郑州、晋城、新乡、洛阳等城市，交通便利。距中心城区仅 4.5 公里，连接影视城、缝山针公园、黎明脚步公园；紧邻巡返村、卢亮沟村两个省级乡村旅游特色村；距 5A 级景区云台山仅半小时车程。

周边旅游资源丰富，有国家级的云台山风景名胜区、青天河风景名胜区、神农山风景名胜区；省级的焦作影视城、圆融寺景区、南水北调天河公园、大沙河生态公园、焦作科技馆、太极体育中心。周边植被丰富，区域内还有大量野菊花、地黄等野生草药；文化资源丰富，有孙思邈中医文化、山阳故城历史文化、陶瓷文化、竹林七贤、太极非遗文化等。

预订电话：0391-3951666
营地位置：河南焦作市山阳区上马村卢亮沟

娱乐设施（项目）

高低空探险、真人 CS、越野轮滑、攻防箭、足球比赛、彩虹跑、篝火晚会、露天卡拉 OK 等

特色项目

森林木屋、白色帐篷

主打内容

房车体验、户外帐篷露营、餐饮休闲、房车租赁

餐饮服务

中餐、烧烤、农家菜、下午茶等

朝天吼房车露营地 「湖北省」

营地位于湖北省宜昌市兴山县省级旅游度假区高岚大峡谷内，地处湖北省"一江两山"黄金旅游干线重要节点，营地总面积 5.33 平方公里，核心区面积约 1.3 万平方米，现有旅居车 46 台，可容纳 160 余人住宿，配备有自驾车营区及帐篷露营区。

营地业态丰富，配套设施齐全，是集水上娱乐、越野赛车、丛林探险、游乐观光、研学拓展、国防教育、户外运动于一体的综合性汽车自驾运动营地。其所属景区先后被评为全国首批"户外运动休闲特色小镇""国家水利风景区""中国体育旅游精品景区""省级旅游度假区""湖北省特色小镇""湖北省社会科学普及基地""第五批湖北省全民国防教育基地""全国 4C 级自驾车旅居车营地"。

预订电话：0717-2916999

营地位置：湖北宜昌市兴山县高岚大峡谷内

娱乐设施（项目）

朝天吼漂流、卡丁车、亲子乐园、云端漂流、溪谷飞索、越野赛车、登山步游道以及户外体育运动设施等

特色项目

国防教育、军事训练、小水电科普和地质科普、兴山地方民俗及昭君文化等研学项目

主打内容

户外水上、山地体育休闲运动，国防教育研学、党团建活动、休闲度假、康养休闲项目

餐饮服务

简餐、大锅火灶自助、户外烧烤、烤全羊等

黄冈市三角山国际房车露营地 「湖北省」

营地位于湖北省黄冈市浠水县三角山旅游度假区内，交通方便，距京九线浠水站 40 公里，沪蓉高速 60 公里，武英高速 20 公里，麻阳高速 5 公里，距武汉天河国际机场 130 公里，距武汉、黄石、鄂州、九江等大中城市均不超过 2 小时车程。

营地位于风景优美的 4A 级景区三角山风景区内，山川、溪流、湖水环绕，周边旅游资源丰富。营地主体面积 6.1 公顷，总建筑面积 1767 平方米。设有房车区、木屋区、帐篷区、高级民宿区、集中烧烤区、休闲活动广场区、体育运动区、河道景观区、拓展活动区，配套建设接待中心和配送中心。提供丰富的户外活动项目，如漫步、骑行、垂钓、烧烤、轮滑、篝火晚会、研学、拓展等。

营地现有房车营位 30 个、自驾车营位 30 个、帐篷（木屋）营位 100 个，及完善的服务配套设施。房车内部设施齐全，住宿环境舒适。同时营地内还提供帐篷搭建区域，游客可以在星空下露营，享受宁静的夜晚。

预订电话：0713-4891298，15128278153

营地位置：湖北黄冈浠水县三角山旅游度假区内

 娱乐设施（项目）

射箭、水上悠波球、手摇船、ATV 穿越车、彩虹滑道、GT 赛车、VR 过山车等

 **特色项目**

滑雪、漂流、蹦极、登山、水滑、丛林穿越、卡丁车、缆车等

 **主打内容**

四季滑雪场、龙潭峡漂流、勇者蹦极、亲子房车营地

 **餐饮服务**

三角山餐厅、烧烤

娄底市自驾车房车体系归古营地 「湖南省」

  营地位于湖南娄底市双峰县青树坪镇，地处湘中腹地，东邻湘潭，南接衡阳，西毗邵阳，北界娄底、湘乡，交通便捷，区位优势明显。双峰是传统农业大县、全国产粮大县，享有"湘中粮仓"的美誉。项目总投资 2000 万元，规划总用地面积 393 亩，主要建设内容为自驾车房车营地、乡村民宿、亲子游乐园、农耕体验园、国防军事馆等为主题的复合型乡村旅游度假区。目前属于国家 3A 级旅游景区，湖南省五星级乡村旅游区，湖南省休闲农业示范点，湖南省首批娄底首家 4C 级标准化国际房车营地，娄底市中小学生研学实践教育基地，乡村振兴示范区。

预订电话：0738-8312301
营地位置：湖南娄底市双峰县青树坪镇内

 **娱乐设施（项目）**

亲子游乐园、游园小火车、摩天轮、天空之境、网红摇摇桥、玻璃水滑、镜子迷宫等

 **特色项目**

三生花海、游园小火车、摩天轮、天空之境、玻璃水滑

 **主打内容**

农事体验、国防军事教育等特色中小学生研学实践活动

 **餐饮服务**

铲子粑蒸鸡、新化三合汤、青树坪淮山、卤味合蒸等特色湘菜、青树坪肉饼、脖子糕、米豆腐等乡情浓郁的特色小吃

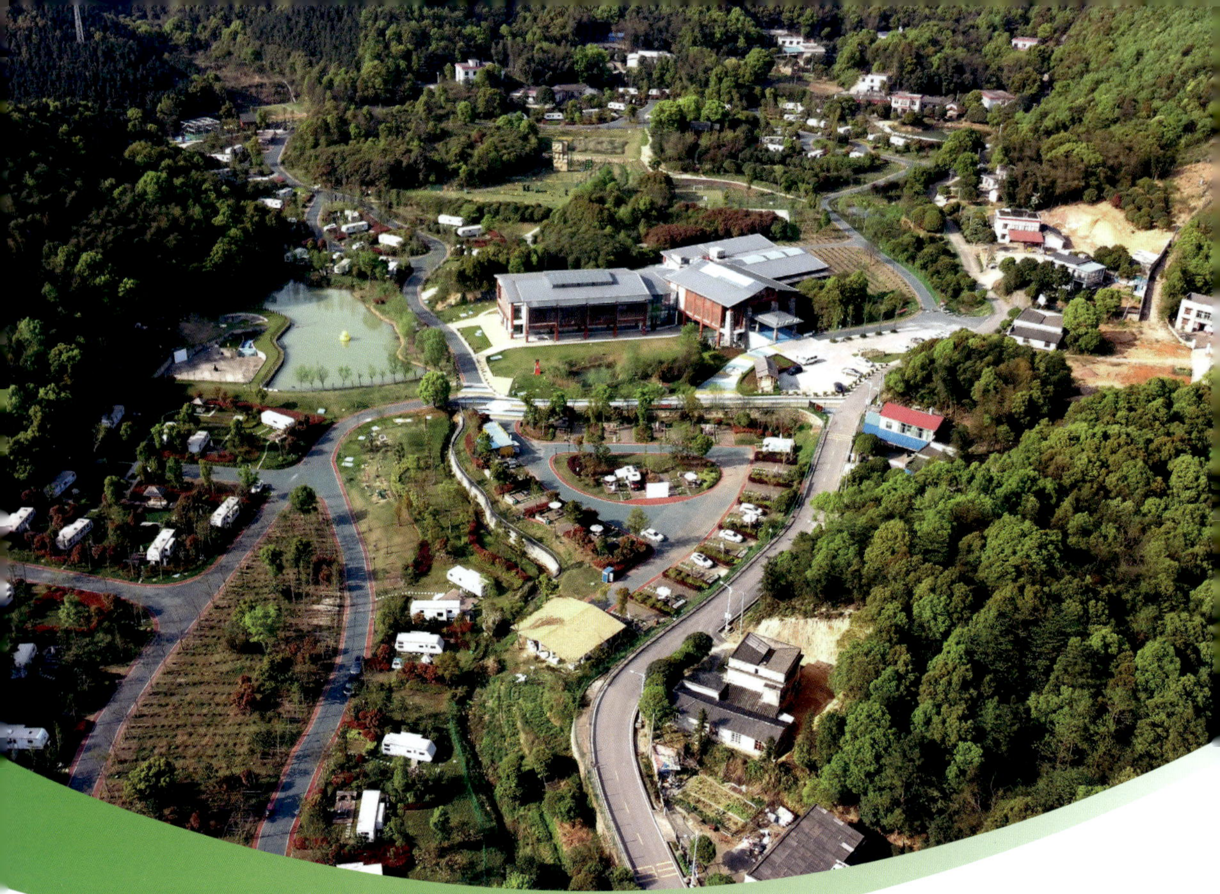

途居湘潭昭山露营地 「湖南省」

营地位于湖南湘潭市昭山示范区玉屏村，昭山示范区是长株潭城市群生态"绿心"核心区域。营地东临长株高速、西临京港澳高速、南临沪昆高速，平均距三市不超过15公里、离长沙黄花国际机场25公里、离京港澳高速（G4）昭山收费站出入口处仅5公里，地理位置优越，交通便利。

营地一期已开发300亩，建成房车营位138个，已进驻各式最新款房车101辆，木屋13栋，是集游客接待服务中心、房车营位、自驾车营位、轻奢帐篷营位、生态木屋及运动、休闲、餐饮、培训等多种功能配套于一体的复合型国际房车露营公园。

经营项目包括房车及营位租赁、木屋树屋酒店、帐篷露营、户外烧烤、篝火晚会、草坪婚礼、团队建设、研学旅行、真人CS、森林探险、五人制足球、射箭、拓展训练、自行车游览、少儿快乐大本营、水上垂钓等。

预订电话：0731-52810000

营地地址：湖南湘潭市岳塘区昭山镇玉屏村

 **娱乐设施（项目）**

五人制足球、射箭、篝火晚会、自行车、真人 CS、水上垂钓等

 **特色项目**

房车营位、自驾车营位、轻奢帐篷营位、生态木屋及运动、休闲、培训等

 **主打内容**

房车及营位租赁、草坪婚礼、团队建设、研学旅行、休闲、培训等

 **餐饮服务**

户外烧烤

奔乐·HIPCAMP 营地 「广东省」

营地位于广州从化流溪温泉旅游度假区，紧邻流溪河国家级森林公园，遥望广州第一峰天堂顶，坐拥全球仅有的两处珍稀含氡苏打温泉之一，是大湾区知名休闲度假康养胜地，生态设计小镇重要的产业配套。紧靠近 40 亩的鸭洞河畔，溯溪游玩位置极佳。营地布置了 30 间风格迥异的太空舱房车和 14 间轻享野奢帐篷，配备户外草坪、天幕露营、烧烤野餐、篝火区、儿童游乐等休闲场景，是一个集住宿、餐饮、游乐、拓展、康养为一体的创意综合露营地。

预订电话：13535351831（微信同号）
营地位置：广东广州市从化区良口镇共青路 169 号

 娱乐设施（项目）

 **特色项目**

攀岩、沙池、荡秋千、观星笼、草地足球、儿童充气水池戏水、演绎舞台、卡丁车、真人 CS 等

青少年溯溪游玩、露营乐园

 **主打内容**

 **餐饮服务**

科创梦想、生态设计、自然教育、非遗文化、劳动教育

烧烤野餐

广西花山汽车营地 「广西壮族自治区」

营地位于广西龙州 S62 崇左至水口高速公路花山服务区内，占地面积 90 余亩，是广西首个集江景别墅、小木屋、集装箱房营区、气泡全透明星光泡泡屋、露营平台营位等功能于一身的"交通 + 旅游 + 文化"融合发展的高速公路服务区汽车营地，也是当前广西第一家全国 4C 级自驾车旅居车营地。

营地周边拥有丰富旅游资源，有世界文化遗产左江花山岩画、"人间仙境"景区、弄岗国家级自然保护区、红八军军部旧址、法国领事馆旧址、龙州起义纪念馆等知名景区景点。

营地配备游客中心 1 处、餐厅 1 个、便利店 2 间、会议室 3 间，满足休闲度假、户外拓展、培训研学等不同需求。营地还不定期举办乡村音乐节、美食节、篝火晚会、"三月三"民俗活动体验等，承办过中越青年交流活动、红色研学活动等。

自运营以来，营地先后荣获全国高速公路旅游特色服务区、入围中国公路学会服务区工作委员会组织开展的"带您打卡！全国 35 个必刷服务区"、中国高速公路服务区 35 周年优秀设计案例、2023 年度交通与旅游融合创新项目、入选中国公路学会 2023 年高速公路运营管理典型案例、"全国 4C 级自驾车旅居车营地"称号。

预订电话：19978166820
营地位置：广西龙州 S62 崇左至水口高速公路花山服务区内

 **娱乐设施（项目）**

儿童游乐园、户外 KTV、篝火晚会

 **特色项目**

江景别墅、木屋及房车等多类型宿营体验、户外音乐节、美食节、民俗文化体验等

 **主打内容**

度假休闲、聚会烧烤、团队拓展、红色研学

 **餐饮服务**

特色中餐厅（围桌、自助餐、快餐等）、户外喜宴、自助烧烤、下午茶、火锅等

三亚云宿房车营地 「海南省」

营地位于"海南省星级美丽乡村"——大茅远洋生态村，地处三亚甘什岭浅山地带，地形中低周高，四周群山环绕，生态环境特殊，四季温暖，自然生态资源丰富。背倚甘什岭省级自然保护区，贯穿碧水——蜿蜒12公里的大茅河，坐拥1200亩三浓水库。

云宿大茅房车营地，营地总占地面积约10000平方米，由14户大小不一特色房车庭院和自驾营位组成，依据地势散落星罗棋布，总计26辆客房房车和7个自驾营位。每间庭院由花园庭院、拖挂式房车、户外凉亭组成，打造自然景观与野趣景观相融的度假体验。院内房车均为一线房车品牌高端定制款，车长约11米，冰箱、空调、盥洗等设备一应俱全，可供2～5人居住。其中五车一院1户，三车一院2户，两车一院5户；一车一院5户。整体设计精致温馨。

营地临近5A级景区槟榔谷黎苗文化区、呀诺达雨林文化旅游区等，距亚龙湾高铁站仅10公里，交通便利，是房车旅居、亲子度假、团建拓展、农业研学、烧烤露营等活动的绝佳去处。

预订电话：13359783363
营地位置：海南三亚市吉阳区大茅村远洋生态村内

 **娱乐设施（项目）**

儿童乐高乐园、植物科普、采摘、艺术实验室、雷公马游乐场、绿道骑行等

 **特色项目**

田园旅居生活

 **主打内容**

亲子研学、房车露营旅居

 **餐饮服务**

咖啡厅、餐厅、定制烧烤等

南充壮志凌云国际营地公园 「四川省」

公园位于四川省南充市高坪区，占地面积 3000 余亩，建筑面积 1.55 万平方米，靠近中国最美 318 国道，距高速路口仅 2 公里，交通便利，区位优越。周边有凌云山、西山、罗瑞卿故居、张澜纪念馆、金凤山、鹤鸣山、擦耳桃源等旅游资源。营地有服务中心、自驾车露营区、旅居车宿营区、服务保障区、废弃物收纳和处理区、其他功能区（如木屋住宿区、帐篷露营区、儿童游乐区、户外运动区、露天活动区等），还新增了野奢旅居车花园、活动草坪及中转营位三大区域，野奢旅居车花园共有 21 个院落，每个院落均配有独立卫生间、上下水、充电桩。营地内还有旅游厕所、餐饮、房车、帐篷、电烧烤架租赁、共享淋浴、共享厨房、便利店等旅游配套服务，为游客提供一站式服务。无论亲子家庭、情侣出游还是朋友聚会、公司团建，这里能提供合适的选择。

预订电话：17390870936
营地位置：四川南充市高坪区万家乡谌家沟村

娱乐设施（项目）

真人 CS 基地、丛林穿越、溜索、全地形车、射箭、牧童亲子乐园、卡丁车、七人制足球场等

特色项目

"营地+自然教育""营地+户外运动""营地+国防""营地+国学""营地+工业游""营地+红色教育"

主打内容

房车露营、亲子游、中小学生研学实践、农耕体验、青少年夏、冬令营活动、户外拓展训练、学生军训等

餐饮服务

自助餐、烧烤、下午茶、自助火锅等

安顺优途丝路天龙谷文化露营地 「贵州省」

  营地位于贵州省安顺市平坝区天龙屯堡景区正大门前，占地 67 亩，分东、西两个区域。获"安顺市十佳特色酒店""4C 级自驾车旅居车营地""汽车摩托车运动协会会员""城市联盟会员"等称号。

  这里可以体验新颖别致的全景天窗房车、宽敞豪华的帐篷别墅、温馨舒适的亲子木屋；可在 7000 平方米的大草坪上享受多彩贵州的快乐时光；可登临观景台俯视营地全貌。营地还有静心养德的禅修阁；2 个舒适惬意的 VIP 会议室，1 个可容纳 200 多人的大会议室；1 个蕴含小资格调的餐厅，以及可以满足不同年龄段客人运动或戏耍的篮球场、小足球场、碰碰床、攀登墙、羽毛球场、滑滑梯以及孔雀、火鸡园等。

预订电话：17885497926

营地位置：贵州安顺市平坝区天龙屯堡景区正大门前

 **娱乐设施（项目）**

篮球场、羽毛球场、碰碰床、滑滑梯、攀岩梯、露天电影、卡拉OK、滑翔伞、飞盘等

 **特色项目**

别墅式酒店以及"营地+景区""营地+乡村""营地+研学""营地+体育""营地+演艺"等多种体验方式

 **主打内容**

房车露营酒店、面具篝火晚会、房车旅行、屯堡舞台表演

 **餐饮服务**

屯堡家常菜、户外烧烤、"鸡淙豆腐"宴、屯堡军帐宴等

毕节崔苏坝国际露营基地 「贵州省」

营地位于贵州大方县星宿乡，占地 256 亩，总建筑面积 6120 平方米，与国家 4A 级景区油杉河景区大峡谷相邻。营地距大方县城 46 公里，距省城贵阳 198 公里。

营地平均海拔 1900 米，拥有万亩高山草甸，千顷碧野牧场，极目放眼，心旷神怡。基地依托良好的地理条件和区位优势、独特的户外运动资源、壮美的自然景观、浓厚的民族特色，推进体育旅游深度融合发展。营地有固定式房车 35 辆、自行式房车营位 28 个、星空泡泡屋 12 个、悬挑木屋 2 栋，轨道滑草、激情卡丁车、夜光跑道、自助露营区、太极瑜伽平台等多个项目。

营地提供一系列动感十足的户外体验和运动型娱乐项目，如山地马拉松、山地骑行、热气球体验、徒步穿越及其他户外拓展等，曾举办过"油杉河景区的首游仪式""中国·大方油杉河首届民俗风筝节""山地自行车越野赛""中国国际露营大会""奢香风情节暨逐梦飞行山顶音乐节"等活动。

预订电话：0857-2139999，0857-2160008

营地位置：贵州大方县星宿乡

娱乐设施（项目）

轨道滑草、激情卡丁车、夜光跑道、自助露营区、太极瑜伽

特色项目

户外运动、自然景观、民族特色、农事体验、非遗制作、传统文化教学等

主打内容

研学、团建、体育活动、休闲度假、康养休闲等

餐饮服务

自助餐、烧烤、下午茶、自助火锅等

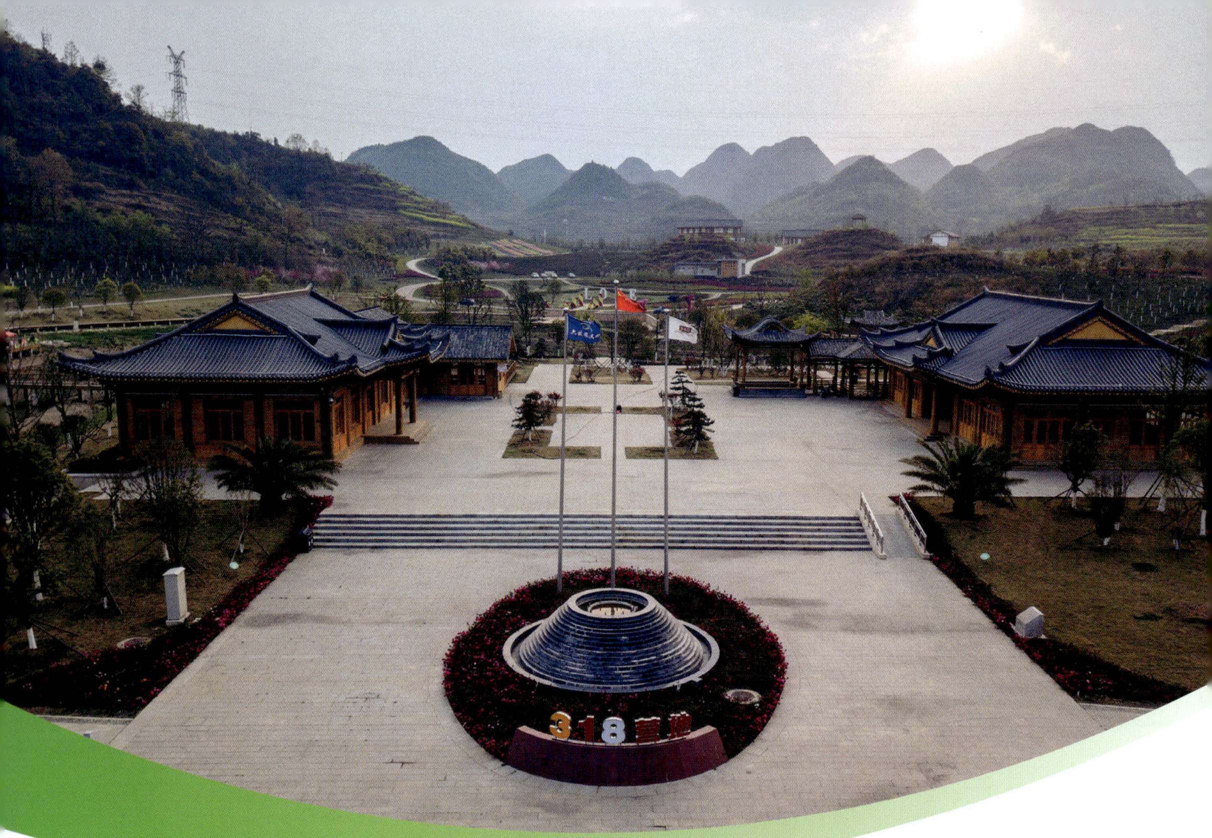

六枝 318 浪哨缘房车营地 「贵州省」

营地位于风景秀丽的贵州省六枝特区落别乡，总占地面积 480 亩。该营地坐落于 G7611 都香高速与 S102 省道交汇处，距落别收费站仅 800 米，毗邻黄果树瀑布景区（37 公里）、安顺黄果树机场（50 公里）、牂牁江风景区（80 公里）及省会贵阳（120 公里），极大提升了游客出行的便利性。

营地提供休闲度假、餐饮娱乐、观光旅游等多元化服务，同时融入康养休闲和综合体验理念，为游客带来丰富多彩的露营体验。营地内配备各类房车 17 辆，中式木屋、美式木屋共 9 栋，浪漫景观房 20 间，星空观景房 3 间。此外，营地还设有特色中餐厅，满足各类宴会、接待、团餐等需求。

营地娱乐项目丰富多样，包括游乐园、军事拓展营地、户外露营基地等设施；游客还可以在此参与团建活动、体育活动、休闲度假、康养休闲、非遗制作、传统文化教学等一系列精彩活动，使旅程更加充实难忘。

预订电话：0858-5500668

营地位置：贵州六盘水市六枝特区落别乡 318 浪哨缘房车营地

 **娱乐设施（项目）**

儿童游乐园、真人 CS、观光自行车、趣味野钓

 **特色项目**

非遗扎染教学、农耕体验、军事训练

 **主打内容**

户外宿营（房车、木屋、星空房、观景房）、户外婚庆、康养休闲、体育活动、户外露营

 **餐饮服务**

特色长桌宴、刺梨药膳跑山鸡、泉水鱼、酒席团餐、接待餐等

贞丰三岔河国际露营基地 「贵州省」

营地位于贵州省黔西南州贞丰县者相镇境内，距省会贵阳市约 200 公里，距州府兴义市约 120 公里，毗邻全国乡村旅游重点村——纳孔村和国家 4A 级旅游景区——双乳峰景区。面积约 2130 亩，其中水域 1100 亩、环湖森林 870 亩、草坪 150 亩。2017 年 5 月入选全国首批运动特色小镇，2023 年 5 月荣获 4C 级自驾车旅居车营地。

营区有近 8 万平方米草坪，可容上千顶帐篷同时露营；户外烧烤区有 14 个烧烤亭、10 张移动烧烤桌，可提供品类丰富的自助烧烤服务。设有茶水吧服务台 1 个，主营各类小吃、饮料、奶茶等。轻奢帐篷体验区拥有 10 顶轻奢帐篷，可供围炉煮茶体验活动。现有露营帐篷 50 套，露营桌椅若干，萌宠乐园业态 1 处、水上乐园 1 处；还配备高端水上舞台 1 个，观众席可容纳近万人。近年来成功举办了贞丰"二月二"苗族走亲节、"六月六"布依风情节等重大民俗节庆活动，成为户外大型文艺演出活动首选之地；配套自驾露营村共 7 个营区 58 个营位，吸引众多自驾爱好者前来露营打卡。

- 预订电话：0859-6775818，6775790
- 营地位置：贵州黔西南州贞丰县者相镇境内

娱乐设施（项目）

萌宠乐园、水上乐园、卡丁车、溜冰、高端水上舞台等

特色项目

"二月二"苗族走亲节、"六月六"布依风情节等

主打内容

星空酒店住宿、轻奢帐篷住宿、草坪帐篷露营、自驾房车露营

餐饮服务

星空生态餐厅、户外烧烤、贞丰特色地摊火锅、民族特色小吃、五色糯米饭、粽子、褡裢粑、腊肉、香肠、布依米酒等特色美食

黔南平塘天空之桥房车营地　「贵州省」

　　营地位于贵州省平塘县平塘至罗甸高速 K249 公里处天空之桥服务区，占地 196 亩，建筑面积 11998 平方米，距中国天眼景区 30 公里。结合"中国天眼"和贵州公路文化，以畅游星空和近观平塘大桥为主题打造集休闲、娱乐、科普等多功能于一体的贵州首个旅游目的地型服务区，被交通运输部列为贵州省"交旅融合"服务区示范项目。先后获评"国家 3A 级旅游景区""第二届全国高速公路旅游特色服务区""全国公路科普教育基地""全国公路学会 2022 年度交旅融合创新项目""全国第一批交通运输与旅游融合发展十佳案例""全国 4C 级自驾车旅居车营地""交通强国优秀案例"等。营地将天文、公路、桥梁、星空、航天等元素融入服务区，先后建成游客中心、贵州公路传承馆、桥梁科普馆、桥景悬崖酒店、观景平台、天问楼、房车露营地、儿童乐园、天文体验馆、半山步道、房车酒店、天文台等项目，结合天文主题、文创商品、酒店休闲、悬崖民宿、特色购物、观景打卡、房车露营、研学旅游等，集休憩、观光、研学、住宿于一体，已逐渐成为交旅融合和快进慢游新地标。

预订电话：0854-4838588，18798888542

营地位置：贵州平塘县平塘至罗甸高速 K249 公里处天空之桥服务区

 娱乐设施（项目）

儿童游乐、果蔬采摘、平塘大桥观光、露营、观星

 **特色项目**

桥梁研学、天文研学、房车露营

 **主打内容**

旅游观光、研学、科普教育

 **餐饮服务**

观景餐厅、本地特色美食、自助烧烤

贵阳花溪高坡扰绕景区露营基地　[贵州省]

  营地位于高坡乡扰绕村，是高坡扰绕景区重要核心区域，距贵阳龙洞堡国际机场约43公里，距贵阳北站约51公里，距贵阳市中心约48公里，距花溪区政府驻地30公里，占地面积约40亩。红岩峡谷、锦绣田园景区·石门花海等景点近在咫尺，是贵阳及周边市县周末游、亲子游休闲度假热门目的地。地处群山环抱的高山台地，是观赏日出、日落、星空的绝佳观赏点，并能看到火烧云、云海奇观、天堂光、维纳斯带等极致天象，融合了休憩、研学、展示、创作等多重功能，集露营、野趣、观光、休闲、亲子、摄影等为一体。

  停车服务区可满足300余辆车辆停放。户外休闲区域面积约35亩，提供烧烤、特色吊炉火锅、围炉煮茶、精致下午茶、聚会、团建、活动演艺、儿童乐园等休闲服务。配有户外36顶装备帐篷房、野奢12套装配式度假酒店、室内酒店9间，共计57间住宿产品。

📞 预订电话：0851-88207188
📍 营地位置：贵州贵阳花溪高坡乡扰绕村

 **娱乐设施（项目）**

儿童拓展乐园、KTV、VR 体验、电竞、电玩、棋牌、篝火晚会

 **特色项目**

峡谷、悬崖、映山红、村落、油菜花、梯田、晨雾、日落、云海、晚霞、探洞、溯溪、生态步道、地方特色民族表演

 **主打内容**

特色美食、研学、团建、体育活动、休闲度假、康养休闲等

 **餐饮服务**

烧烤、特色吊炉火锅、围炉煮茶、精致下午茶等

高黎贡山茶博园汽车旅游营地综合体 「云南省」

营地位于云南省保山市腾冲市清水乡腾冲机场旁，距腾冲城区约 9 公里。国家 4C 级自驾车旅居车营地、国家 4A 级旅游景区。占地面积 1078 亩，交通便利，拥有拖挂式、自行式、自驾式、营房营位 100 个及各类房间总数 213 间，建设研学基地、茶文化博物馆、茶文化养生餐厅、茶文化养生酒店、古茶林野奢帐篷酒店、千亩观光古茶林、茶叶品种基因库等功能设施，让来宾在营地内能享受营地服务，体验种茶、采茶、制茶、品茶、体验古法制茶工艺、了解中国茶文化发展、感受茶的艺术，并通过中医理疗、养生食疗、禅修等，全方位感受中国茶文化的无穷魅力。

预订电话：13577552147

营地位置：云南腾冲市清水社区高黎贡山茶博园内

 **娱乐设施（项目）**

徒步、漫步、露营、茶山游、采茶、制茶体验、团建拓展等

 **特色项目**

篝火晚会、压茶饼体验、参观博物馆、品茶、茶文化交流

 **主打内容**

茶文化休闲体验、房车体验、自驾车房车体验、户外帐篷露营、户外自助烧烤、餐饮休闲、帐篷租赁

 **餐饮服务**

特色茶餐、自助户外烧烤、烤乳猪、自助餐、简餐、下午茶、早餐、咖啡、奶茶等

华山房车自驾露营地 「陕西省」

营地是全国首批 4C 级自驾车旅居车营地，位于华山景区游客中心南侧，距华山游客中心入口 50 米、距华山高速出口 800 米、距华山高铁站 5 公里（可坐免费公交车 1 路、2 路抵达）。占地 300 余亩，建筑面积 9000 平方米。被陕西省自驾协会评为首家示范营地、陕西省十大自驾游目的地、自驾游基础设施提升计划试点工作先进单位。

营地距华山清心温泉 300 米；距华山冰雪世界 500 米；距玉泉院 1.8 公里；距西岳庙景区 4.7 公里；距仙峪景区 4 公里。营区划分为特色木屋区、房车体验区、帐篷露营区、月湖餐饮区、休闲活动区等，内设木屋 29 栋、露营帐篷 7 顶、露营房车 10 辆、房车营位 20 余个及月湖餐厅等相关配套设施。绿化面积达 85% 以上，是名副其实的"天然氧吧"。另外还有篮球场、网球场、游泳池等配套设施，能更好满足游客不同需求。

营地主题：漫游、慢食、慢生活。

预订电话：0913-8370008
营地位置：陕西渭南市华山景区内游客中心南 50 米

 **娱乐设施（项目）**

漫步、露营、亲近自然、茶室、喂食、钓鱼、篮球场、网球场、泳池、篝火晚会、露天卡拉OK

 **特色项目**

休闲娱乐、养生度假

 **主打内容**

特色木屋、房车体验、户外帐篷露营、户外烧烤、月湖餐厅、休闲娱乐、精致旅拍、茶室品茗、户外婚礼、团建策划

 **餐饮服务**

中餐、当地特色小吃、烧烤、露营自助烧烤/火锅、烤全羊、自助餐、简餐、下午茶、自助早餐等

汉中尤曼吉国际汽车营地　「陕西省」

营地位于陕西省汉中市汉台区滨水湿地公园内，总投资约 3000 万元，占地面积近 100 亩，临近汉江边。自然生态环境优美、历史文化底蕴深厚。依托便捷的区域优势，是集时尚交友、运动休闲、生态民宿、团队拓展培训等多种功能于一体的旅游度假式房车营地。

营地按照有关设计标准，分别建有：自驾车营地、自行式房车营地、拖挂式房车营地、露营区、休闲绿地区、户外拓展区、儿童游乐区、商业服务区、后勤保障区。每个车位约 80 平方米，硬化地坪 15 平方米，作为停车位，同时设置有草坪、水电桩、草坪灯、垃圾箱、水槽、简易桌椅、电缆插孔等设施，营地内有独立的饮用水，照明补给，排污系统。有可移动式卫生间、洗衣房、公共厨房、便利店、电视网络等服务设施。

营地内有儿童亲子乐园，多家餐吧可供客人选择。在住宿基础上可承接团建、研学、婚宴，同时也可开展植树活动等农事体验。

预订电话：0916-2235555

营地位置：陕西汉中市汉台区天汉大桥西侧滨水湿地公园内

 **娱乐设施（项目）**

滑"草"、小火车、碰碰车、儿童营地等；
成人拓展、军训营等户外拓展配套项目；
农趣体验等

 **特色项目**

房车宿营、红色教育

 **主打内容**

休闲度假，户外拓展，研学，文体活动，
草坪婚礼

 **餐饮服务**

中、西餐厅、火锅、烧烤等

环青海湖自行车自驾车营地公园 「青海省」

  环青海湖自行车自驾车营地公园占地面积 210 亩，位于青海省海北藏族自治州海晏县西海镇达玉部落民俗村内，系亚洲最大的环青海湖自行车旅游综务基地，全国 4C 级自驾车旅居车营地。目前有 20 处自驾车营位，30 处旅居车营位，可同时接待 500 人的住宿、餐饮、休闲等需求。

  营地连续两年被纳入国家藏羌彝文化产业走廊重点体系，青海省第五批文化产业示范基地和文化产业重点扶持企业。先后被评为全国体育系统先进集体、青海省文化产业示范基地、青海省体育产业示范基地、"一带一路"最美驿站。

预订电话：0970-7682333，18609700595
营地位置：青海海北州海晏县西海镇达玉部落民俗村内（环湖东路 1 公里处）

娱乐设施（项目）

骑马、射箭、自行车骑行、实景剧目、跨界融合剧等

特色项目

达玉草原音乐节、环湖自行车自驾车体育赛事、红色研学、畜牧体验、非遗制作、传统文化（藏文）研学等。实景剧目《达玉情歌》、跨界融合剧《不见新郎的婚礼》等

主打内容

休闲度假、研学、团建、洛桑牧场、藏式家访、亲子游、体验游、自行车婚礼

餐饮服务

藏王宴等藏餐

龙羊峡红柳庄园营地 「青海省」

　　营地坐落于青海省海南州共和县龙羊湖景区红柳庄园内，占地面积200亩，建筑面积13304平方米。2020年开业。有湖景民宿56套、房车营位30个、帐篷露营位100多个。2017年8月龙羊峡镇被国家体育总局授予"国家级运动休闲特色小镇"。2022年11月文旅部授予"国家工业旅游示范基地"。2023年青海省文化和旅游厅认定为首批"生态旅游景区"和青海省文化和旅游厅认定首批省级文化产业和"旅游产业融合发展示范区"。全国4C级自驾车旅居车营地。

　　营地依托龙羊峡生态旅游度假区，目前已建成龙羊湖、黄河大峡谷游船探秘区、龙羊大峡谷悬崖览胜区、土林景区四个各具特色景区，提供丰富多彩的户外旅游活动。

预订电话：18097290794
营地位置：青海共和县龙羊湖景区红柳庄园内

娱乐设施（项目）

黄河土林游览、篝火晚会、锅庄表演、房车旅居车露营、黄河石绘画、亲子游、研学实践、游船和快艇

特色项目

高原古水道、大河第一峡，峡谷奇石观赏、"万里黄河第一坝"最佳观赏地、悬崖咖啡厅、海子西星空营地

主打内容

帐篷营地、户外徒步、摄影、民宿、篝火广场、游乐厅、小动物观赏区等

餐饮服务

户外烧烤、特色生态鱼宴

大柴旦北纬 37 度星空自驾车旅居车营地「青海省」

营地位于青海省海西蒙古族藏族自治州大柴旦 G3011 柳格高速南向大华化工出口处，距大柴旦约 12 公里，总占地面积 10000 余亩，坐落于湿地、草场、群山、荒漠戈壁之中，是大柴旦地区令人向往的休闲旅游地。

营地是以星空为主题，集餐饮、住宿、娱乐、航天器飞行试验于一体的户外休闲度假地。装修风格独特，与周边景观融为一体。设施齐全，环境舒适。虽靠近大柴旦镇，但遗世独立，远离灯光、噪声等城市纷扰，群星闪烁，银河璀璨。营地内共设客房 170 余间，房车水电营位 120 余个。营地内设新能源充电桩 30 座。此外，营地近翡翠湖、乌素特水上雅丹地质公园景区和东台吉乃尔湖两大热门景区，是青海旅游环线中的重要中转站。营地服务配套设施和娱乐设施完善，内设餐厅、超市、公共卫生间等，可满足游客基本需求。

预订电话：0977-7257137、7257136

营地位置：青海海西州大柴旦行政区 G3011 柳格高速南向大华化工出口处，距大柴旦约 12 公里

 **娱乐设施（项目）**

UTV/ATV、滑沙、公益种植、轮滑秋千、音乐酒吧等

 **特色项目**

观星指导、星空试验、戈壁陨石徒步、陨石猎人采集

 **主打内容**

柴达木盆地地质研学，休闲度假

 **餐饮服务**

酒吧、餐厅、超市等

祁连天境圣湖托茂部落自驾车旅游营地 「青海省」

营地位于青海祁连县默勒镇东部扎沙村西侧，总占地面积1041亩，东临门源县皇城乡，南与海晏县接壤，西连默勒镇多隆村，北与祁连县峨堡镇、阿柔乡和八宝镇毗邻。北临盘大公路，南临纳子峡水库。距八宝镇约180公里，距默勒镇约55公里，距峨堡古城约60公里，距门源油菜花海（4A级景区）约47公里。

营地地理位置优越，处于西北大小环线，距省会西宁170公里、距祁连县150公里、距刚察县150公里、距青海湖景区(5A)180公里；紧邻盘大公路。距227国道仅20公里，处在以"西宁—大通—门源—祁连—刚察—青海湖"为核心线路的祁连山风光带生态旅游景观廊道上。营地周围自然环境优越，景色宜人，风景秀丽，野生动物长期在此栖息，是理想的避暑、休闲、观光、旅游场所。

营地提供野奢湖景民宿等特色住宿包括3个微宿太空舱、7间木墅观景房、3间圣东系列木屋。房车营地提供营位30余个。

📞 预订电话：0970-8684444，18935502222
📍 营地位置：青海祁连县默勒镇东部扎沙村西侧

娱乐设施（项目）

礼仪草坪、水上平台、湖畔观景亭、水上游乐区、篝火小广场、烧烤露营区，天然牧场供游客活动，草原骑马、射箭等

特色项目

特色旅居住宿、民俗馆参观、羊毛毡、牦牛毛工艺品制作特色体验

主打内容

以托茂文化为故事线，打造海北乃至青海的重要自驾车旅居车营地

餐饮服务

牛羊肉、山货、奶制品、特色小吃油搅团、水油饼等

海西州大柴旦光影之城自驾车旅游营地 「青海省」

　　营地位于大柴旦行委大柴旦镇锡铁山路南侧草原光影之城景区内，紧邻翡翠湖和大柴旦湖，占地 511 亩，景区内有自然泉七眼、小溪五条和两个人工湖。

　　营地以特定的文化景观和服务项目为内容，摄影、户外、自驾为主题，结合"文化+旅游"模式，打造摄影艺术馆、民族特色餐饮园、自驾露营基地等项目，为大众游客及摄影爱好者提供服务平台。

　　营地内同时划分人文、水、草原三大景观，是整个区域最独特的自然产物；随着草原植被逐步恢复，也使得很多候鸟将此作为迁徙地，偶尔停留的黑颈鹤就是最好的"代表"。

预订电话：13309778108

营地位置：青海海西州大柴旦行委大柴旦镇锡铁山路南侧草原光影之城景区内

娱乐设施（项目）

骑马场、射箭场、钓鱼场、旅拍、篝火广场

特色项目

篝火晚会、民族特色体验

主打内容

休闲度假、体育活动、拓展训练、户外音乐

餐饮服务

提供中餐、烧烤、团餐

海北州阿柔部落游牧文化生活体验基地 [青海省]

营地位于青海省海北藏族自治州祁连县阿柔乡和峨堡镇交会处 S302 峨祁公路沿线（阿柔服务区），总面积 700 亩。地处祁连山大草原核心区域及环祁连山大草原观光旅游交通枢纽位置。距祁连机场 10 公里、距省会西宁 240 公里。周边群山环绕、草场广袤、繁花似锦，蓝天白云绿草浑然一体，众多珍稀保护动植物在此繁衍生息，是天然的生态博物馆。营地内设有大型停车区，自驾车·旅居车露营区，多功能餐饮休息区（容纳 600 人），客房 85 间，游牧文化生活体验区，新能源汽车充电桩设备等 10 个功能区域。可开展骑马、射箭、动植物观赏、民族舞蹈、民族服装等民俗文化体验、寺庙祈福朝拜、篝火晚会等活动。

营地曾获《中国国家旅游》杂志社"最佳特色主题酒店"和"特色酒店品牌"奖；2019 年 4 月被中国民间文艺家协会认定为 "中国藏族情歌（拉伊）传承基地"；2022 年被省文化和旅游厅认定为五星级乡村旅游接待点和省级自驾车营地。

预订电话：17797093999

营地位置：青海海北州祁连县峨祁公路阿（S302）柔服务区

娱乐设施（项目）

骑马、射箭、民俗体验、民族服饰体验、民间手工艺品体验培训、民族歌舞体验等

特色项目

游牧文化生活体验基地、生产及高原生态旅游特色项目体验

主打内容

旅居车露营、住宿、生态民俗体验等

餐饮服务

酥油、糌粑、传统奶制品等

哈巴湖汽车自驾运动营地 「宁夏回族自治区」

营地位于国家 4A 级旅游景区哈巴湖生态旅游区内,周边生态系统类型多样,珍稀野生动植物资源数量众多,文物古迹山川沙海兼有,万亩林木郁郁葱葱,大小湖泊点缀其间。

营地先后荣获"全国 5 星级汽车运动营地""全国中小学生研学实践教育基地""宁夏摄影家协会创作基地""全国 4C 级自驾车旅居车营地"称号,年接待研学、自驾运动游客达 20 余万人次。

营地以"生态基底、绿色发展"为定位,建设轻奢酒店、野奢帐篷、房车酒店、集装箱酒店及相应配套设施,开发户外探索、星空观测、星空摄影等内容活动,推出"青春健步走、扎治沙草方格、科普自然、天文教学、丛林探险"等多项融教育性、趣味性、参与性于一体的研学课程,还开设了皮划艇、自行车赛、沙漠徒步、野外生存体验、篝火晚会、果木烤肉等多项体育项目,可满足游客多元化、多层次消费需求,成为集消夏避暑、康体养生、亲子体验、科普研学、特色度假,休闲自驾于一体的宁夏自驾休闲、赏景观星胜地。

预订电话:0953-6614436,19995052368

营地位置:宁夏盐池县王乐井乡境内

 **娱乐设施（项目）**

户外探索、星空观测、星空摄影、皮划艇、自行车赛、沙漠徒步、野外生存体验、篝火晚会等

 **特色项目**

生态观光、自驾露营、星光观测、荒漠研学、篝火晚会

 **主打内容**

生态观光、自驾露营、星空观测、荒漠研学

 **餐饮服务**

农家特色菜品、户外休闲火锅、烧烤、铁板烧、烤全羊

宁夏灵河房车露营基地 「宁夏回族自治区」

基地位于宁夏回族自治区灵武市永宁黄河大桥两侧，总面积 2579 亩。依托灵武与临河镇（河东机场）区位优势，交通便捷。在市内乘出租车及自行驾车均可到达，方便快捷。

基地北门入口停车场与西侧停车场总面积 1000 平方米以上。停车场有绿化隔离带，设置停车线、回车线和车辆进出的方向引导指示标识，出入口设置合理。大门口分设出入口，极大方便了游客进出，也有效避免了高峰期游客拥堵现象。

基地设施配备齐全，包括轮椅、盲道、无障碍设施、拐杖和童车，以及登山交通工具的背椅，在公共服务区域设定特殊人群服务区、特定座位。

预订电话：18795277859、18995154332
营地位置：宁夏灵武市永宁黄河大桥两侧

娱乐设施（项目）

动力小火车、越野卡丁车、攀岩、垂钓、木栈道等

特色项目

月光营地、研学教育、水上娱乐、沙滩休闲、极限运动等

主打内容

休闲度假、科普教育、拓展训练、观光游憩等

餐饮服务

农家炒土鸡、辣爆羊羔肉、黄河鲤鱼、铁锅炖大鹅、汗蒸羊腿、烤全羊、辣爆农家大公鸡、酱香牛腱、羊肉小炒、特色八宝茶、炝拌野菜、凉拌苦苦菜、凉拌沙葱、农家小杂拌等

宁夏薰衣草庄园花海房车小镇 「宁夏回族自治区」

小镇位于宁夏薰衣草庄园（银川市兴庆区沙漠体育运动公园）内，总占地面积 500 亩，共计 75 个自驾车、旅居车营位。营地提供宽敞的露营地点，适合各类自驾车和房车停留，每个露营地点都配备有充电补水桩，拥有干净整洁的公共卫生间和淋浴设施，提供 Wi-Fi 覆盖和社交空间，周边建设有 6 公里的健身步道，21 公里的山地骑行道路，多功能运动场、小轮车运动场等运动设施。花海房车小镇专门为房车自驾车爱好者提供自助或半自助服务的健身、休闲度假区。主要服务包括：房车住宿、帐篷露营、餐饮、娱乐、拓展、体育健身、康养度假。是满足现代休闲、运动需求的体育运动和休闲度假的基地。

预订电话：18709685999

营地位置：宁夏银川市兴庆区沙漠休闲运动公园内

娱乐设施（项目）

山地自行车、水上运动、沙漠体育拓展、沙漠定向赛

特色项目

沙漠体育旅游、植物观赏、水果采摘、花山雅韵度假木屋、星空民宿、帐篷露营等

主打内容

研学、团建、沙漠体育活动、休闲度假、康养休闲

餐饮服务

柴火铁锅炖鸡、特色炒鸡、黄河鲤鱼、酱大骨、围炉火锅、特色烧烤等

伊犁州尼勒克百里画廊四美营地「新疆维吾尔自治区」

营地位于 315 省道百里画廊观景台西侧 200 米，距尼勒克县城百余公里，距乔尔玛 30 余公里，处于独库公路与尼勒克县往来的必经之路上，在唐布拉百里画廊风景区的核心区域。营地占地面积 160 余亩，目前规划的住宿产品共计 72 间，分别是 53 辆房车（家庭房车庭院、生态观景房车）、19 间（商务宾馆、豪华山景房），可满足高、中、低档消费需求，日最大住宿接待量可达 200 人。

营地以文化旅游产业为核心，依托自驾车、旅居车产业、教育产业、婚庆产业、牧业、蜂产业、文创产业，打造综合性高端自驾旅居营地和婚旅基地。主要面向自驾游客群、主题游客群、商务团体、亲子家庭、中小学生、文艺青年，提供丰富的房车休闲体验、游牧生活体验、艺术传播体验、户外运动体验、互动社交体验。

预订电话：13309997335、19909993957、19909993956

营地位置：新疆伊犁州尼勒克县唐布拉百里画廊景区内（独库公路乔尔玛向西 38 公里处）

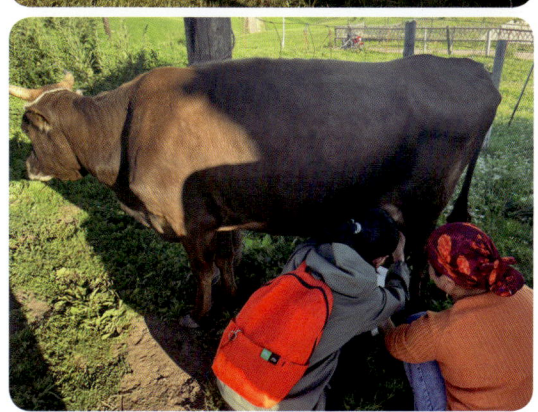

娱乐设施（项目）

放牧、哈萨克族家访、哈萨克族节日活动、森林捡蘑菇、篝火晚会、营地赛马等

特色项目

篝火晚会、休闲露营、草地足球、草地飞盘、哈萨克族民俗体验、骑马等

主打内容

主题游学、旅居度假、多功能外延式体验活动等

餐饮服务

哈萨克族特色玻璃观景餐厅，菜品涵盖：新疆特色菜、新疆特色烧烤、户外西餐、新疆特色三文鱼、三文鱼系列菜品、家常小炒等

哈密市伊吾胡杨林景区自驾旅居车营地

「新疆维吾尔自治区」

　　伊吾胡杨林景区地处东疆哈密，资源禀赋一流，是世界仅存的三大原始胡杨林之一，是中国境内分布最为集中、树形最具特色、离城市最近的原始胡杨林，更是丝绸之路旅游带上的重要节点，已成为入疆游客必游的首选。营地配备公共停车场、服务中心、服务保障区、自驾车露营区、旅居车宿营区、特色功能区、帐篷露营区等基础设施，为游客提供星空屋、特色民宿、胡杨树洞酒店等特色住宿，游客在露营地可开展水、电补给，也可根据规定使用公共厨房、公共淋浴间、公共洗衣房等设施设备，为自驾及房车旅行的游客带来更多的便利。

预订电话：0902-6730005　0902-7167777

营地位置：新疆哈密市伊吾县淖毛湖镇东10公里处的伊吾胡杨林景区内

娱乐设施（项目）

宝石矩阵打卡装置、玛瑙寻宝之旅、骆驼骑行、特色换装，可以乘坐托马斯小火车和老爷车环游 38 公里旅游环线，近观一千年至万年树龄的胡杨，还可以在这里开展绘画、摄影、研学等艺术体验

特色项目

星空营地、房车宿营、篝火晚会、胡杨精神教育基地、全国研学基地、党性教育基地等

主打内容

休闲度假（房车营地、星空营地、户外帐篷露营）、户外拓展、特色研学、夏令营、文体活动等

餐饮服务

伊吾的美食以新疆特色为主，融合了多民族的饮食文化，伊吾胡杨林景区内部餐厅美食种类繁多，手抓饭、烤全羊、大盘鸡、拌面等各种美食，每一种都有其独特的口感和风味

伊犁州新源欣驿自驾车营地「新疆维吾尔自治区」

营地选址于风光旖旎的 5A 级名胜风景区那拉提东门，森林公园向西一公里之遥。占地 50 亩，由博舍野奢营地与欣驿自驾车营地相辅相成而成。

这里共有 76 间精心打造的客房，其中博舍营地提供 25 间，欣驿营地则设有 51 间，全部为独具魅力的庭院式观景房。每一间都能让游客尽享大自然的如画美景，感受与自然融为一体的惬意。

营地配套设施丰富且完善，那餐厅为您呈上美味珍馐，篝火台在夜晚燃起温馨与欢乐，帐篷露营地则是您亲近大自然的绝佳选择。营地具备承接大型活动能力，无论盛大庆典、欢乐聚会，还是各类主题活动，都能在此得到完美呈现。

预订电话：+86-999-5308960，+86-15609996578，+86-18196972011

营地位置：新疆伊犁新源县那拉提景区东门，森林公园向西一公里之遥

 **娱乐设施（项目）**

帐篷露营、篝火晚会、骑马上山、牧民家访、宠物投喂、采蘑菇

 **特色项目**

篝火晚会、民族歌舞、夕阳晚宴、草地婚礼

 **主打内容**

研学活动、团建活动、休闲度假

 **餐饮服务**

土火锅、自助烧烤、烤全羊、牛排、新疆三文鱼、新疆特色菜系

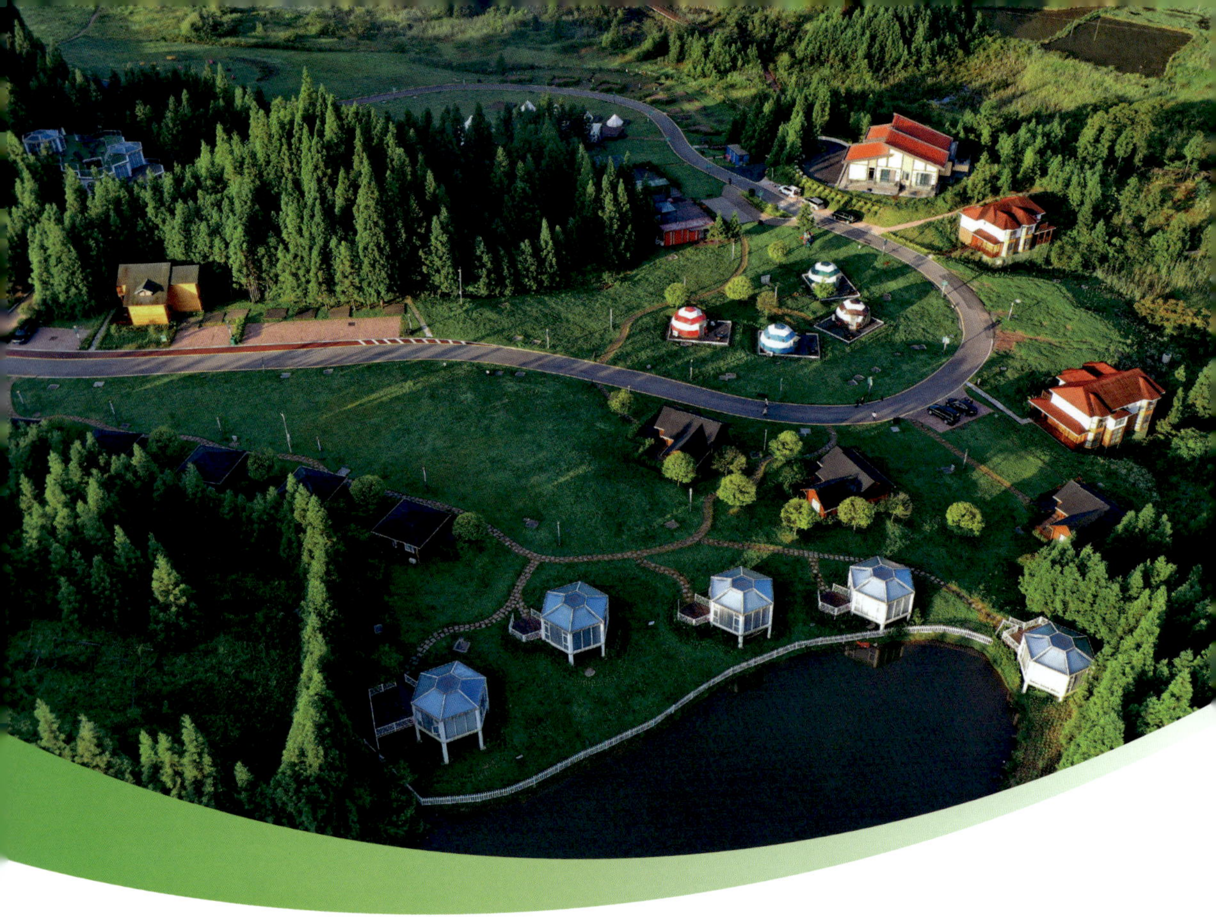

冷水风谷休闲度假营地 「重庆市」

营地位于重庆市东大门石柱县冷水镇 G50 沪渝高速公路冷水服务区，中国公路学会授予"中国高速第一自驾营地"称号。2018 年重庆市教委授予"重庆市中小学生社会实践教育基地"称号。

营地处于北纬 30 度线上，海拔 1443 米，夏季平均气温 20 摄氏度左右，四季景观鲜明独特，是避暑纳凉、休闲度假的理想场所。占地面积 211 亩，布局有木屋别墅区、浪漫主题客房区、房车营地区、帐篷露营区等住宿类型。

营地周边旅游资源丰富，谷顶的七曜山脉大风车群已成为打卡热门，几分钟车程的云中花都、国际滑雪场、八龙峡漂流可提供丰富游乐体验，周边 1.5 小时车程内景区有黄水森林公园、腾龙洞景区、千野草场、中益蜜蜂小镇、广寒宫、太阳湖等。冷水镇当地盛产莼菜、黄连等特色农品，游客可品尝各种高山蔬菜和土家风味特色美食。

预订电话：023-73363666
营地位置：重庆石柱县冷水镇 G50 沪渝高速公路冷水服务区

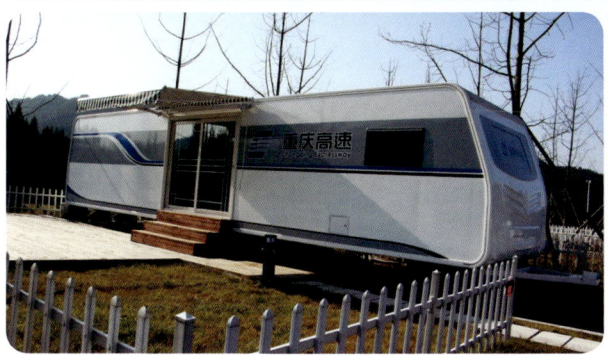

娱乐设施（项目）

飞越丛林、穿越魔网、网红篮球场、垂钓景观水体、萌宠乐园、篝火晚会、露天卡拉OK等

特色项目

交通安全教育、户外求生、自然艺术、体适能训练等课程

主打内容

休闲度假综合配套服务、亲子自驾、会议培训、研学旅行、企业团建、婚旅婚拍、康养度假等

餐饮服务

土家特色美食、草坪自助餐、烧烤BBQ、烤羊、烤鸡、烤兔等

江苏甲子生态旅游发展有限公司

公司成立于 2015 年 3 月，注册资本 4 亿元，现有员工百余人，目前主要运营常州太湖湾露营谷。营地位于江苏省常州市武进区雪堰镇太湖湾国家级旅游度假区，总投资约 3.5 亿元，总占地面积约 700 亩，2019 年 3 月 23 日正式开园，累计接待游客 180 余万人次。此外，公司设全资子公司——江苏太湖湾红色文化培训有限公司，与江苏甲子生态旅游发展有限公司实行"两块牌子，一套班子"，主要依托园内红课堂、初心墙、红书房等红色资源，承接红色教育团队培训业务。2021 年太湖湾露营谷被评为"武进区十大红色打卡地"之一；2022 年正式挂牌成为武进区委党校太湖湾分校露营谷校区及浙江大学城市学院常州培训基地。目前，共接待各类团队近千批次。

游客服务电话：0519-68211996

宿营预订咨询：0519-68210000

团队业务预订：0519-68211666

地址：江苏省常州市武进区雪堰镇太北路6号

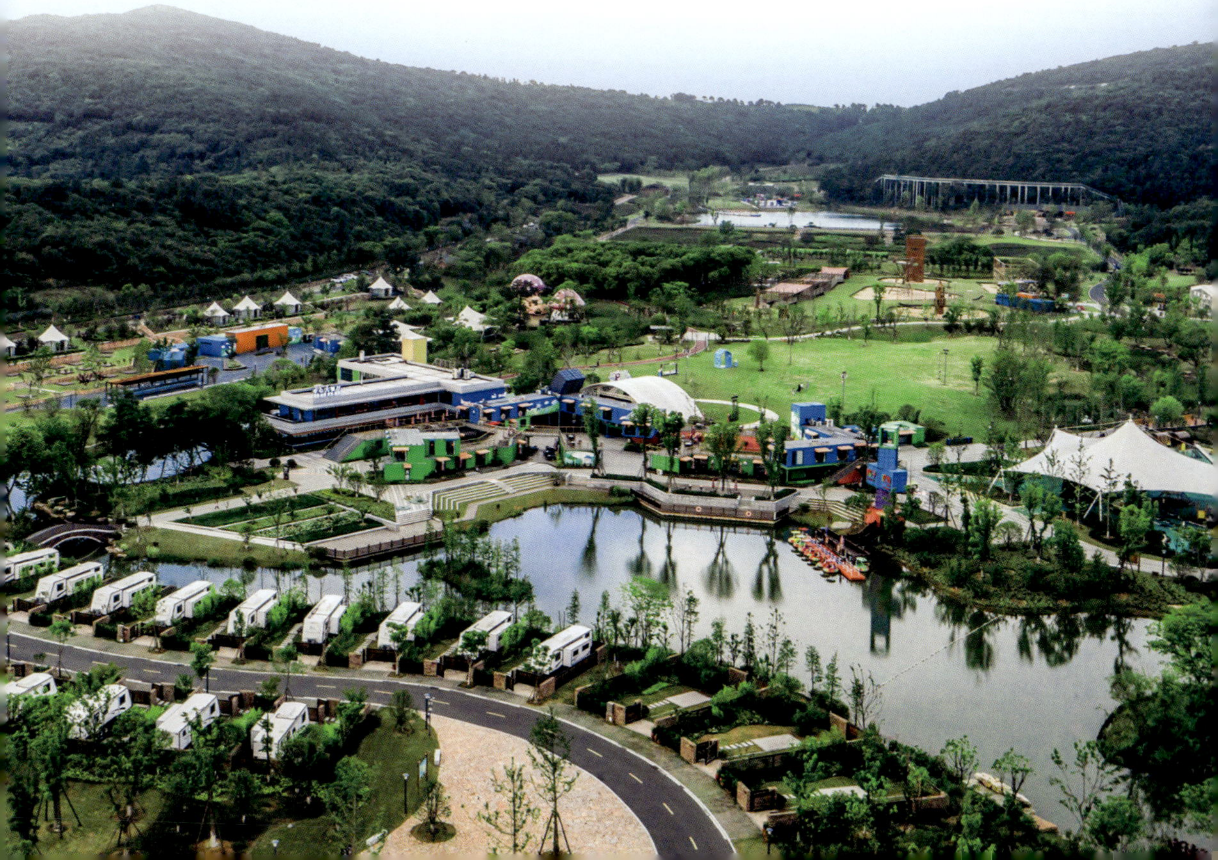

厦门飞越者户外用品有限公司

厦门飞越者户外用品有限公司于2009年成立，拥有海外设计团队，高水平资深自主研发团队，8000平方米标准化生产车间，完备供应链管理体系，质量管理体系，拥有多项自主知识产权及商标品牌。

海外：我们成立了英国分公司，并在德国、法国、瑞士、美国、澳大利亚、新西兰、奥地利、日本、韩国等国家发展了成熟的分销体系。

国内：我们与许多知名酒店和大型集团企业均有合作，包括华尔道夫酒店、温德姆酒店、沙坡头景区、西旅集团、日光域集团、鲁能集团等。

我们采用先进的帐篷及户外用品生产技术，管理流程规范，是一家集研发生产销售于一体的配套服务商，是拥有全供应链能力的成熟企业。

我们不仅提供产品的定制和生产，还为客户提供完善的售后服务，包括安装指导、维护支持以及响应快速的故障修复服务。我们始终坚持创新驱动和质量至上的理念，力求在激烈的市场竞争中脱颖而出，成为行业领先的帐篷及户外用品配套服务商。